Là où les bois côt

de

Gila Margolin

Publié par

The Little Sisters of Joy

Publié par

THE LITTLE SISTERS OF JOY

© THE LITTLE SISTERS OF JOY 2018

Tous droits réservés

Imprimé en Angleterre par
Victoire Press Limited
9-10 Viking Way, Bar Hill,
Cambridge CB23 8EL

ISBN 0-9553007- 2-X
et no à 13 chiffres : ISBN 978-0-9553007-2-1

THE LITTLE SISTERS OF JOY
C/O GILA MARGOLIN
FLAT 35, STOREY'S HOUSE
MOUNT PLEASANT
CAMBRIDGE CB3 0BZ
UNITED KINGDOM (R-U)

Cartes créées par Phil Stickler
Cartographe, Université de Cambridge, R.-U.

Traduction de Françoise Barber

Première page de couverture : illustration tirée d'une œuvre originale d'Anna Bristow.
Le tableau représente le bouclier canadien.

Pour
Dr Nigel Hymas
pour sa
sagesse et sa compréhension

et
pour
le Canada,
ma patrie spirituelle

Ich lebe mein Leben in wachsenden Ringen,
die sich uber die Dinge ziehen.
Ich werde den letzten vielleicht nicht vollbringen,
aber versuchen will ich ihn.
Ich kreise um Gott, um den uralten Turm,
und ich kreise jahrtausendelang;
und ich weiss noch nicht: bin ich ein Falke, ein Sturm
oder ein grosser Gesang.

Je vis ma vie en cercles de plus en plus grands
qui sur les choses s'étendent.
Peut-être ne pourrai-je achever le dernier,
mais je veux essayer.

Je tourne autour de Dieu, beffroi sans âge,
et je tourne depuis des millénaires ;
ne sachant encor qui je suis : faucon, tempête,
ou immense chant.

Rainer Maria Rilke
(tiré de *Das Stundenbuch* [Livre d'heures])

Remerciements

À Maryvonne le Goanvic, qui m'a aidée à donner naissance aux *The Little Sisters of Joy*

À James Kinnier Wilson, une âme sœur, pour sa profonde amitié et son soutien

À Michael Loewe, un ami très cher, convaincu que je pouvais écrire un deuxième livre

À Jeff Houghton, pour sa sincère amitié et son encouragement

À Sofian, né en Provence, région où commence cet ouvrage

Au Cambridge City Hotel, qui m'a offert un lieu où écrire

À Marta, pour sa solidarité

À Liesel, pour sa lucidité et sa compassion

Préface

La rédaction de ce petit ouvrage a pris six ans, tout comme mon dernier livre autobiographique, *The Moving Swan*. Il décrit ma vie entre 1999 et 2009 et l'histoire d'amour que j'entretiendrai toute ma vie avec le Canada et notamment Toronto, que je considère comme ma demeure spirituelle.

La plupart des gens pensent que « Toronto » signifie « Lieu de rencontre » mais, d'après une dame que j'ai rencontrée au Native Canadian (First Nations) Centre à Toronto en juin 2013, « Toronto » signifie « Là où les bois côtoient l'eau », d'où le titre du présent ouvrage.

Je n'ai pas pu retrouver la langue autochtone d'où vient le nom « Toronto », mais la tribu algonquine rassemble les gens au *Kumik*, un lieu de rencontre traditionnel, où les aînés des Premières nations font part de leurs enseignements aux membres des Premières nations de même qu'aux participants non membres. Le *Kumik* constitue un lieu unique où les jeunes comme les anciens peuvent se retrouver et discuter, faire part de leurs inquiétudes et apprendre à apprécier leurs cultures respectives.

J'aime à croire que cet endroit particulier est celui où « *les bois côtoient l'eau* ».

Gila Margolin, Cambridge, R.U., décembre 2013

Gila Margolin, au Native Canadian Centre, Toronto

Ce qui a précédé

(Un bref résumé de ma vie racontée dans *The Moving Swan*, première partie de mes mémoires)

Je suis née dans une famille juive orthodoxe à Londres en 1951. Je fréquentai une école primaire juive et j'appris à aimer la Synagogue, le Sabbat et les fêtes religieuses. J'avais onze ans lorsque nous déménagèrent à Glasgow, un tournant dans ma vie à bien des égards. J'y fus exposée pour la première fois à des influences chrétiennes et mon rôle dans la pièce de théâtre *A Man for All Seasons*, que nous jouâmes à l'école, me fit connaître et aimer le grand saint chrétien, Thomas More.

À l'âge de seize ans, ayant déjà quitté le domicile familial, je rêvai une nuit de Jésus. Mon amie m'emmena voir une fidèle de l'Église presbytérienne espérant que je pourrais en apprendre davantage sur cette religion, mais c'était au début de ma folle jeunesse, à la fin des années 60, une période turbulente et amorale. Ces années furent surtout marquées par mon apprentissage de l'Allemand à l'université de Glasgow et le chant à la guitare, un passe-temps qui s'est révélé majeur des années plus tard.

Je fis ensuite une forte dépression, qui s'avéra cathartique et se conclut par mon retour à Dieu par le biais de la musique. Lorsque je gravis l'escalier menant à son appartement à Glasgow, mon professeur était là pour m'accueillir et ce fut comme si une énorme porte s'ouvrait dans mon cœur. J'avais trouvé un compagnon, Robin, qui habitait à Édimbourg, ville où j'allais passer des week-ends heureux.

Mais malgré toute la solidarité humaine rencontrée à Glasgow, mon cœur aspirait à partir vers de nouveaux horizons et, en 1982, je déménageai avec toutes mes possessions à Cambridge, où je ne connaissais personne mais où j'avais obtenu une place pour suivre un cours d'introduction à la musique.

Ma professeure de piano savait que j'ambitionnais de devenir cantatrice et elle me fit faire la connaissance d'un merveilleux pianiste, David, qui devint à la fois mon époux et mon accompagnateur. Il m'encouragea à trouver une communauté juive ; la communauté juive réformée me demanda de l'aider dans la préparation des offices. Ma foi s'en trouva bientôt approfondie et il me fallut réfléchir.

Une retraite d'une semaine au centre St Beuno dans le nord du Pays de Galles fut une expérience imprévue qui changea ma vie. En conséquence de cela et de nombreuses autres expériences mystiques, ainsi que de la lecture du Nouveau Testament, je décidai de me convertir au catholicisme. Pour vérifier mon intention, je me rendis en juin 1988 dans l'Est du Canada à l'invitation d'un ami et c'est là, ressentant l'irrésistible présence de Dieu parmi les pins du Bouclier canadien (l'une des plus anciennes formations rocheuses du monde), que je pris ma décision. Pour la confirmer encore davantage, un ange/messager me dit de me rendre au Sanctuaire de Sainte-Anne-de-Beaupré, situé en bordure du Saint-Laurent au Québec. Y ayant demandé l'intercession de la Vierge Marie dans ma vie, j'eus le sentiment d'avoir obtenu une réponse.

Je fus reçue dans l'église catholique le 25 mars 1989. J'avais déjà amorcé ma licence d'hébreu au Lucy Cavendish College de l'université de Cambridge. Au fil des années, je commençai à utiliser mes dons en donnant des cours particuliers d'hébreu et en organisant des journées d'activités sur le thème de l'hébreu. J'en vins à réaliser dès le début de ma conversion que tout ce que j'avais appris de ma pratique de la religion juive pourrait m'être utile pour servir Dieu dans ma nouvelle vie ; en fait, c'était une merveilleuse formation. Je partis pour Israël en 1989 pour étudier l'hébreu dans le cadre d'un cours d'été à l'Université hébraïque, et fit là de nouveaux amis arabes. En 1990, j'y étudiai l'arabe. J'avais déjà eu le sentiment d'être appelée à une vocation de religieuse et en début d'année 1998, un ami jésuite me dit : « Tu es sans aucun doute appelée à une vocation, mais tu n'es plus très jeune et il faudrait donc que tu deviennes membre d'un groupe déjà établi, ou alors que tu fondes ta propre communauté ». *Et voici ce qu'il advint ensuite*

1er février 1999

Cambridge, R.-U.

La nuit dernière j'ai rêvé que j'étais de nouveau à Pomeyrol. La lune était pleine et entourée d'une couronne, profonde et mystérieuse. Elle baignait de sa lumière la maison de silence, et le ciel brillait de mille étoiles. J'avais le sentiment d'être seule au monde.

Selon la tradition indienne, voir la lune ainsi annonce soit la mort, soit un miracle. L'appel que j'avais reçu en décembre 1998 de fonder une communauté était incontestablement un miracle.

7 mars 1999

Notre communauté voit le jour. Maryvonne et moi l'avons appelée *The Little Sisters of Joy* (Les Petites Sœurs de la Joie), d'après les Petites Sœurs de Jésus et parce que nous avons une admiration pour Saint François, modèle de pauvreté et de joie. Il est opportun que nous nous rencontrions aujourd'hui chez Benigna à Newton Road, Cambridge, pour la première fois, par l'intermédiaire d'une amie. Bien que je sois encore fatiguée de mon voyage en décembre et janvier, et de tout ce qui s'est passé d'autre, Maryvonne insiste pour que je lui raconte tout ce que j'ai vécu dernièrement car c'est important. Ce sera une communauté de *Prière*, de *Louange et de Paix*.

Maryvonne part pour Israël, où elle va suivre un cours d'hébreu, et j'espère l'y rejoindre un jour en communauté.

14 août 1999

Aujourd'hui je suis allée voir mon évêque près de Norwich. Peter Smith est venu me chercher à la gare et m'a emmenée à Poringland, où réside l'évêque d'East Anglia. Nous avons bavardé dans le jardin en prenant une boisson et, au cours de notre conversation, il m'a dit que c'était *providentiel* que nous ayons pu nous rencontrer aujourd'hui parce que d'habitude son agenda est plein et il faut prendre rendez-vous plusieurs mois à l'avance. Je me suis sentie très honorée. David m'avait suggéré de raconter à l'évêque l'expérience que j'avais vécue en Israël, dans le kibboutz, où j'avais été d'avril à juin... comment j'avais ressenti une réconciliation des contraires en mon for intérieur. L'évêque m'a écouté attentivement, notamment lorsque je lui ai dit que, oui, je savais qu'il était encore trop tôt, mais j'avais le sentiment que Dieu m'appelait à fonder une nouvelle communauté religieuse au sein de l'Église.

Il m'a offert un très agréable déjeuner et m'a mise à l'aise, bavardant au sujet de ses charmants voisins. Enfin, il m'a dit qu'il allait me reconduire à la gare de Norwich.

Comme il m'aidait gentiment à monter en voiture, il m'a dit, presque incidemment : « Si vous rédigez une Règle de vie, j'imagine que je devrai vous donner mon autorisation... ».

J'osai à peine reprendre mon souffle alors que j'assimilai cette remarque capitale.

15 août 1999, Fête de l'Assomption

À mon réveil ce matin, j'ai reçu l'inspiration du Saint Esprit et je vais commencer à écrire la Règle de vie. J'ai couvert jusqu'ici huit sections principales : *Prière, Vie en communauté, Habit, Hospitalité, Amour et réconciliation, Retraite, Vœux* et *« Fraternités »* (cette dernière section s'inspire tout particulièrement des Petites Sœurs de Jésus. Je m'appuie beaucoup, me semble-t-il, sur mes origines juives, notamment lorsqu'il s'agit de la prise des repas en commun (comme un sacrement), du respect d'un jour de repos (un sabbat), et de l'hospitalité qui, même si je ne mentionne que le livre des Hébreux, remonte en fait à Abraham et aux anges, qu'il reçut dans la pleine chaleur du jour.

Mais j'intègre dans la Règle mon christianisme, et mon amour pour Jésus tout particulièrement. Je pense qu'il est important d'adopter des structures, mais je veux aussi en faire un texte agréable et mon sens de l'humour semble éclater au grand jour. Je rappelle le onzième commandement du Rabbin Blue auquel nous pourrons avoir recours lorsque nous serons trop fatiguées de nous être occupées d'autrui :

« Tu ne te laisseras pas mener par le bout du nez ! »

Je crois que la section la plus importante jusqu'ici est celle qui concerne *l'amour et la réconciliation*, et donc j'ai écrit : « *Efforcez-vous d'accomplir chaque chose pour l'amour de Dieu uniquement. Exploitez vos dons, y compris tout don artistique ou musical, pour la gloire de Dieu et pour la paix, la guérison et la réconciliation de votre prochain. Ayez confiance et vivez en paix les uns avec les autres.* » Il s'agit d'une citation de Saint Pierre ; en fait, j'ai parsemé cette section de citations tirées de ses lettres parce que je l'aime beaucoup.

La section sur les Vœux est la plus difficile de toutes ; il faudra que je me fasse aider, mais au moins j'essaie. Et je suis certaine que la Vierge Marie, dont c'est la fête aujourd'hui, m'apporte son aide.

Plus tard ce même jour, à l'étage, à Newton Road

David, qui se trouvait par-là, est passé me voir. Je lui ai dit ce qui se passait et il a été enchanté pour moi. Il a jeté un coup d'œil à mon texte et m'a dit : « *C'est bien, mais il faut maintenant rédiger un commentaire !* ».

J'ai donc essayé d'en écrire quelques pages sur la base des sections déjà rédigées.

Le tout ne fait que six pages, mais je pense que c'est clair et succinct. J'ai l'intention d'en envoyer une copie à Maryvonne en Israël. Et, bien sûr, à l'évêque, une fois que j'aurai un peu amélioré le texte.

20 septembre 1999

L'une des choses les plus importantes que l'évêque m'ait dites c'est qu'il n'est pas toujours facile de discerner la volonté de Dieu. Aujourd'hui a été une sombre journée. J'ai reçu une carte de Maryvonne, qui est en Israël, me disant qu'elle avait lu la Règle de vie, mais qu'elle ne pouvait plus continuer à « marcher à mes côtés ». Elle me demandait de la pardonner, conformément à la Liturgie, comme elle avait délibérément choisi de m'écrire le jour de la fête de Yom Kippour, (le 11 septembre cette année-là), le jour le plus solennel du calendrier juif, où les gens demandent le pardon de Dieu et d'autrui.

Nous n'étions pas d'accord sur l'habit (j'avais au départ suggéré quelque chose de plutôt radical), mais à part cela, à mon avis, la Règle était assez orthodoxe. Je crains qu'il y ait anguille sous roche et je pense que le seul moyen de tirer la situation au clair est de retourner en Israël pour en discuter avec Maryvonne en face à face. Mais, bien sûr, je ne peux pas le faire maintenant, et il me faudra donc attendre le début de l'année prochaine, particulièrement parce que je suis partie d'Israël dans des circonstances difficiles.

En ce moment je n'ai à l'esprit que ce que sœur Madeleine, fondatrice des Petites sœurs de Jésus, disait :

« *Il m'a pris par la main et, aveuglément, j'ai suivi.* »

4 octobre 1999

Je pense m'être fait une nouvelle amie. Elle vient de faire une demande d'auxiliaire de vie et je lui apprends le métier. Nous étions chez Mme Alphonse et donc, comme c'est la coutume à Singapour, nous devions quitter nos chaussures. Mme Alphonse était contente que nous étions deux pour l'aider à faire sa toilette du matin. J'ai demandé à Clare ce qu'elle avait fait récemment et elle m'a dit qu'elle venait de rentrer d'Israël après un séjour de trois mois ! Un lien s'est créé immédiatement entre nous, comme j'avais moi-même passé trois mois en Israël ce printemps. Grande et sympathique, Clare a un visage très ouvert et environ 24 ans.

Elle m'a aussi demandé où j'allais à la messe et je lui ai dit que j'allais à OLEM (Notre Dame et les martyrs anglais), la grande église catholique de Hills Road. Elle veut venir avec moi dimanche.

11 décembre 1999

Clare a été reçue dans l'Église la semaine dernière ; le processus a été rapide puisqu'elle a étudié la théologie et elle a le sentiment de connaître déjà un peu la religion grâce à moi, ce qui est très flatteur. Je commence à me sentir très proche d'elle et j'éprouve même envers elle des sentiments maternels… c'est une première pour moi. J'ai demandé à Renata, à Londres, ce que je devais faire et elle m'a conseillé de lui dire.

14 décembre 1999

J'ai préparé un bon repas et invité Clare. Nous étions en haut et j'étais derrière la petite fenêtre coulissante en train de cuisiner. Clare était de l'autre côté. « *J'ai quelque chose à te dire*, lui ai-je dit. *Je ressens envers toi de forts sentiments maternels* ».

« *Eh bien, tu as en moi une fille* », m'a répondu Clare en levant les bras. J'ai su dès lors que tout se passerait bien.

16 décembre 1999

Aujourd'hui, je me sens un peu déprimée. J'ai eu des difficultés avec un client et j'ai perdu mon emploi. J'irai rendre visite au père Brendan pour voir s'il peut me donner des conseils utiles.

18 décembre 1999

Je suis allée voir le père Brendan à notre heure de rendez-vous habituelle de dix heures du soir le samedi. Il travaille sans relâche, ce pauvre homme, et je suis sûre qu'il ne dort que quelques heures. Il se dédie pleinement à ce qu'il fait, à l'université en qualité de professeur d'histoire et en tant que prêtre de Lady Margaret House, où vivent les sœurs. J'ai traversé le Pont mathématique à Queens' College et trouvé la cour dans laquelle se trouvent ses appartements. Parfois je frappe et il me demande d'attendre quelques minutes, le temps de finir son entretien avec quelqu'un.

Une fois entrée, je me sens tout à fait calme et il me donne toujours de bons conseils. Cette fois, je me suis plainte d'avoir perdu mon emploi. Et j'avais aussi le sentiment que j'allais mourir. Le père Brendan m'a écoutée, puis m'a dit que j'étais une mystique et qu'il était désolé, mais que Saint Jean l'Évangélise, le plus grand mystique, ressentit lui aussi cet ardent désir d'être avec Dieu. Il dut attendre et se limita à vivre sur le Mont Athos pour le restant de sa vie naturelle.

Quant à mon emploi, il m'a dit tout simplement que Dieu me trouverait « un nouveau travail ».

25 décembre 1999

Ce Noël a été le plus extraordinaire que j'aie jamais vécu. Plusieurs choses semblent se produire en même temps. Hier, la veille de Noël, j'ai dit à Benigna que comme nous n'étions que toutes les deux nous pourrions écouter tranquillement l'office des *Nine Lessons and Carols* transmis en direct de la chapelle de King's College. Elle est montée dans mon salon (que je considère toujours comme la pièce à l'étage) et nous avons écouté attentivement et bavardé entre les chants. Elle m'a offert un bon souper et m'a demandé si je voudrais l'accompagner à l'office de minuit à l'église paroissiale de Trumpington, où elle va assez régulièrement. J'ai répondu que je serais heureuse de le faire.

C'était émouvant de voir une vieille dame se mettre à genoux dans le banc plutôt étroit et, agenouillée à ses côtés, j'ai réalisé que je me sentais très proche d'elle. Après tout, c'était pratiquement la première personne que j'avais rencontrée à Cambridge, ce fameux soir où j'étais venue chez elle pour une répétition de chorale la semaine de mon arrivée à Cambridge, en août 1982.

C'était un bel office, célébré avec un grand sens du sacré, et je crois que nous nous sommes couchées toutes les deux remplies de joie.

Fardijah, la fille de Benigna, et Maryam, sa petite-fille, sont arrivées le lendemain avec Latif, son gendre, qui avait été assez malade, mais qui était tout à fait magnifique dans sa robe de chambre et a savouré un repas de Noël copieux. Latif est un merveilleux compositeur, et ses mises en musique de textes de Tagore sont particulièrement remarquables. Benigna avait craint que le laitier ne livre pas le pudding de Noël à temps, mais il était arrivé. Nous avons bu un « *LeChayim* » puis, soudain, posant mon regard sur Latif, j'ai réalisé qu'il n'allait pas bien. Fardijah l'a chargé dans la voiture pour l'emmener à l'hôpital, mais il est mort sans souffrance en route.

Quand j'ai appris la nouvelle, je suis montée à l'étage allumer un cierge et je me suis sentie envahie d'admiration et d'émerveillement.

27 décembre 1999

Il ne fait aucun doute que la mort et la naissance sont liées. Peu après la mort de Latif, David nous a fait une visite éclair pour nous dire que Rebecca était en travail et qu'ils allaient « *avoir un chiot* ». Le lendemain, je recevais en haut un jeune homme et son amie. Leur ayant offert un thé et des gâteaux, j'ai dit une bénédiction en hébreu. À cet instant, toutes les assiettes sont tombées du placard à grand bruit (sans se casser) et le jeune homme s'est exclamé : « *C'était une bénédiction puissante !* » Le téléphone sonna alors et c'était David nous annonçant qu'ils avaient eu un petit garçon.

30 décembre 1999

Mon beau-père, Paul Christophersen, a vécu juste assez longtemps pour voir une photo de son seul petit-fils, auquel on a donné son prénom. Paul père est mort ce matin, après une courte maladie et une longue carrière de professeur d'anglais, éminent au Danemark, son pays natal, ainsi qu'en Norvège, en Irlande, au Moyen-Orient et au Royaume-Uni. Bien avant que David et moi nous rencontrions, Paul s'était présenté pour la chaire d'anglais à l'université de Glasgow, poste qui fut en fait obtenu par mon cousin Michael Samuels. Paul et Michael, et leurs épouses Peggy et Hilary, étaient de grands amis.

Ce dont je me souviens le mieux chez Paul, c'est sa bonté et sa courtoisie et le fait que même s'il pensait que David était trop jeune pour se marier, il était heureux qu'il épouse une juive. Il avait lui-même été fiancé à une juive avant de se marier avec Peggy.

En 1986, mes beaux-parents m'emmenèrent avec eux passer des vacances en famille au Danemark et je pus alors observer combien Paul, l'universitaire doux, parfois un père sévère, était aimé. Il va me manquer.

22 janvier 2000, Cambridge

Fête juive du Nouvel an des arbres

Une nuit au cours de l'année passée, j'ai fait un rêve. J'ai rêvé que le Cardinal Lustiger, que j'étais allée voir en janvier 1999, m'avait dit, très clairement, que je devais fêter l'anniversaire des *Little Sisters of Joy* le jour de Tou Bichvat, la fête juive du Nouvel an des arbres. Il ne pouvait y avoir de meilleur jour ! C'est une fête mobile que j'adorais quand j'étais enfant. Lorsque j'étais à l'école primaire juive de Golders Green, on nous demandait d'apporter ce jour-là autant de fruits différents que possible, certains étant plutôt exotiques à cette époque-là !

Aujourd'hui, l'après-midi, nous étions dix environ réunis dans le grand jardin de Benigna pour planter notre premier bouleau blanc. Le jardinier avait creusé à l'avance un grand trou pour que nous puissions y placer notre petit arbre. L'autre jour, Benigna et moi sommes allées spécialement à la pépinière de Fordham, près de Newmarket, où nous avons choisi ce charmant petit arbre.

Réunis dans le jardin, nous avons récité le psaume 96 :

Joie au ciel ! Exulte la terre !

Que gronde la mer, et sa plénitude !

Qu'exulte la campagne, et tout son fruit,

que tous les arbres des forêts crient de joie,

à la face de l'Éternel, car Il vient,

car Il vient pour juger la terre ;

Il jugera le monde en justice

et les peuples en sa vérité.

Puis, accroupie, avec David penché au-dessus de moi pour guider le jeune arbre, j'ai planté le petit bouleau blanc. À côté de David se trouvaient Paula, Virginia, et Linda et Richard Horn. Le Cardinal Lustiger aurait été très fier.

Et Latif Freedman aurait été très fier, lui aussi, car notre cérémonie était également en l'honneur de sa nouvelle vie. Maryam, sa fille, m'a dit que le bouleau blanc était son arbre préféré ; il aimait aller voir le trio de bouleaux blancs près du jardin d'hiver aux jardins botaniques. Pas étonnant... le bouleau blanc est un arbre si mystérieux, beau comme la lune, et vénéré par les tribus autochtones du Canada qui utilisent ce bois pour fabriquer leurs canoës.

7 avril 2000

Mes liens avec Benigna se resserrent de plus en plus. Nous avons fait beaucoup de jardinage et de plantations aujourd'hui. Je crois qu'elle souhaite vraiment le succès des Little Sisters of Joy ! Nous avons planté beaucoup de dahlias autour du bouleau blanc.

19 mai 2000

Retour d'Israël

Ma visite à Maryvonne s'est bien passée. Elle est bien installée en Israël et elle s'investit dans ses cours au Ratisbonne Institute. Je n'ai pas pu la voir longtemps, mais nous avons résolu un point important. Elle m'a avoué qu'elle ne m'avait pas vraiment dit la vérité lorsqu'elle m'avait écrit le Yom Kippour dernier et dit qu'elle ne pouvait plus « marcher dans ma voie ». Le véritable problème c'est qu'elle ne pourrait pas vivre le vœu de pauvreté et je comprends combien ce serait difficile pour elle.

À certains égards, je me suis préparée à cela toute ma vie, depuis le jour où, aimant Linda plus que mes proches parents, j'ai quitté la maison et me suis débarrassée de mes biens et de mes bagages en chemin. Même la vente de ma maison en 1986 et mon déménagement chez Benigna étaient une préparation à ce qui allait suivre et à ma vie maintenant, bien que je n'aie pas alors connu toute l'histoire.

Maryvonne et moi avons parlé longuement dans sa petite maison à Jérusalem. Quand nous avons eu fini, nous sommes sorties dans la rue et elle m'a entourée de son bras, comme un oncle réconforterait sa nièce préférée, et m'a donné sa bénédiction. Lorsqu'elle m'a eu quittée, je suis restée très longtemps assise dehors sur un banc, me sentant totalement en paix.

27 mai 2000

La page est tournée

Sous la conduite de l'Esprit Saint, David et moi avons engagé notre procédure d'annulation de notre mariage. Nous pourrons alors être tous les deux libres. J'aurais pu continuer sans rien changer à notre situation, mais c'était important pour lui de pouvoir se remarier.

Lorsque je suis allée à Norwich pour faire mon premier témoignage sous serment, j'ai vécu un merveilleux moment de grâce. Le prêtre m'a accueillie dans une salle de la cathédrale. En entrant, j'ai vu un magnétophone sur une table à thé basse et, au-delà, un crucifix posé sur une table ovale qui se trouvait sous la fenêtre, laquelle donnait sur un magnifique jardin. J'ai alors éprouvé une forte sensation de déjà-vu, ce qui signifie toujours pour moi que je suis arrivée à un point de ma vie où je me trouve exactement là où je suis censée être. En tout cas, je l'ai trouvé très rassurant.

Le prêtre m'a posé de nombreuses questions et j'ai essayé de répondre aussi honnêtement que possible. Il me versait sans arrêt du thé mais, ayant aperçu une carafe de liqueur, j'ai finalement osé lui en demander une goutte et, sachant ce que je venais de traverser, il m'en a servi avec plaisir !

14 juillet 2000

Depuis que j'ai décidé d'écrire mon autobiographie pour m'aider à tourner la page en ce qui concerne David, j'y travaille d'arrache-pied. Je passe tellement de temps à écrire en ce moment que je suis épuisée mentalement. Il faut que je poursuive mes efforts encore une semaine et je pourrai alors commencer à taper le texte.

20 juillet 2000

Concert

J'ai une nouvelle amie très importante à inviter à la soirée. J'ai rencontré Natania aujourd'hui, lors d'un petit concert organisé par Benigna pour Magen David Adom, le service d'ambulances israélien qui aide aussi les Palestiniens. Elle le fait depuis des années et c'est vraiment une bonne cause. C'est aussi l'occasion de réunir des membres de la communauté juive de Cambridge par le biais de la musique. Je vais chanter, accompagnée au piano par Benigna, et Margaret Allan va jouer du violoncelle.

J'étais à la porte pour accueillir les gens à leur arrivée, lorsqu'une jeune femme lumineuse, de belle allure et d'une trentaine d'années est arrivée. Quelqu'un m'a dit que c'était Natania, elle-même chanteuse et quelqu'un avec qui j'allais immédiatement m'entendre, particulièrement grâce à la musique. Nous nous sommes tout de suite liées d'amitié et avons prévu, entre autres, d'aller à un concert de musique russe à la chapelle de Corpus Christi.

10 août 2000, 23 h

J'ai passé une soirée vraiment merveilleuse. Le concert russe était sublime. Je pense que j'ai été particulièrement inspirée parce que j'ai du sang russe et je ressens très profondément les émotions évoquées dans les chants même si je ne comprends pas les paroles. Il y avait un beau mélange de chants sacrés et profanes.

L'imprévu survient toujours. Natania et moi bavardions à la fin quand une jeune femme au visage slave fin s'est approchée. Il s'avère que c'est une amie de Natania, qui est polonaise et s'appelle Ania. Elle semble un peu désœuvrée en ce moment alors je l'ai invitée à venir à Newton Road. S'il continue de faire beau, nous pourrons nous installer dans le jardin.

20 août 2000

J'ai passé une merveilleuse soirée. Ayant bavardé longtemps avec nous dans la salle à manger en prenant le thé et des gâteaux, Benigna s'est retirée discrètement et nous a laissées, Ania et moi, poursuivre notre discussion dans le jardin. Nous avons beaucoup de choses en commun et nous sommes toutes les deux à un carrefour de notre vie, ce qui toujours propice à de forts liens d'amitié. Elle vient de Cracovie, où sa mère et son frère vivent toujours. J'ai du sang juif polonais, et donc on peut dire que nous sommes toutes les deux d'Europe centrale. Ania est une personne calme, ce qui est bon pour moi, et les choses se présentent donc bien.

10 septembre 2000

Dorothy est venue de Liverpool passer une semaine ici. Hier soir, elle nous a écoutées : j'ai chanté et Benigna m'a accompagné au piano. J'ai parcouru tout mon répertoire, depuis *He Shall Feed His Flock* (Il nourrira son troupeau) de Haendel jusqu'à *Down by the Salley Gardens* de Britten, en passant par des arias italiens et Fauré.

Je crois que je n'ai jamais aussi bien chanté ; j'ai chanté avec joie et passion, sensible à l'amour et au fabuleux don d'écouter que possède Dorothy.

27 novembre 2000

Parfois les sœurs de Grange Road célèbrent la messe dans leur petit oratoire à l'intérieur du couvent, plutôt que dans la chapelle située dans le parc, qui est belle mais austère. Je me suis jointe à elles aujourd'hui, un jour heureux pour moi parce que je me suis trouvée à côté d'une sœur que je ne connaissais pas et dont j'ai vraiment « fait la connaissance » quand nous priions agenouillées !

Les sœurs traversent une période de transition et sœur Jennifer (j'ai appris plus tard que c'était son nom) a été envoyée pour superviser ce qui va être un grand déménagement après plus de 60 ans à Cambridge. Grande et svelte, sœur Jennifer a un joli sourire. Elle est aussi spécialiste de la Septante, la première traduction de la Bible en grec. Elle me semble être quelqu'un à qui je pourrais me confier.

15 janvier 2001

David a emmené ses pianos du petit local au fond du jardin et m'a dit que je pouvais en faire une chapelle. Benigna m'a aussi donné son autorisation. J'ai acheté une plaque de marbre de 1,20 m de long et j'ai demandé à un sculpteur sur bois de Bottisham de me faire un socle afin d'en faire un autel pour que nous puissions célébrer la messe. Tout cela est très exaltant ! Surtout que M. Frost a proposé de sculpter dans le socle des lettres hébraïques.

En attendant je décore les murs d'images en forme d'icônes représentant la Vierge Marie, qui m'ont été données par ma chère Svetlana avant sa mort. Benigna me donne des jolis rideaux rouges et les sœurs de Grange Road des nappes d'autel et des bougeoirs. Je ne dois pas oublier que cela ne peut pas se faire en un jour. Ce sera intéressant de voir qui vient prier ici. Sœur Jane, de Brookside, qui a toujours été une amie proche, m'a fait cadeau d'un magnifique crucifix en ébène et ivoire.

15 février 2001

Prieuré de Clare

À l'issue de cette première réunion, le père Billy Baldwin, qui est mon mentor et a examiné ma Règle de vie, a couvert pratiquement tous les aspects de la vie religieuse : *Autorité, Prière, Obéissance et Gouvernance*. Il m'a dit qu'aucun évêque n'acceptera une Règle sans Constitutions. Je vais devoir me mettre à y réfléchir ! Il va me falloir de l'aide.

J'ai le sentiment d'être en bonnes mains. Et c'est merveilleux de se sentir prise au sérieux. Il m'a fait part de toute sa sagesse, acquise au cours de nombreuses années dans l'Ordre de Saint Augustin et de son travail dans les prisons et auprès des catholiques divorcés et séparés. Les Augustins sont dotés d'un grand sens pratique ! C'est une qualité que je retrouve aussi chez ma nouvelle amie, sœur Jennifer. Le père Billy dit que l'humanité de Jésus est au cœur de notre manière de vivre.

29 février 2001

Ce matin il s'est mis à neiger quand je promenais le chien. Clare est venu passer la nuit hier, dans la petite pièce où je m'installe pour écrire (c'était le mercredi des Cendres), et ce matin nous nous sommes saluées très chaleureusement.

Je riais en regardant tomber la neige, me sentant très heureuse, et en mon for intérieur je chantais une phrase de mon cantique préféré *Let me be the Christ child to you* (Laissez-moi être pour vous l'enfant Jésus). Deux enfants se sont avancés pour caresser le chien et on se serait cru dans le monde de Narnia.

1er avril 2001

Je viens de rencontrer une charmante sœur augustine qui est moitié espagnole. Quand je lui ai parlé du père Billy et des Constitutions, elle a proposé de me donner une copie de certains des écrits de sa congrégation, pour que je puisse m'en inspirer pour les miens. Je me suis mise à la tâche dans la petite chambre d'amis qui se trouve à droite en haut de l'escalier à Newton Road ; elle est juste en face de la mienne au fond du couloir. Je suis assise à la petite table face à l'ouest.

14 mai 2001

La veille de mon voyage en Pologne

Il y a quelque temps je suis allée à la grande église pour me confesser. J'allais partir en voyage et j'avais peur qu'il arrive dans les jours suivants quelque chose que je ne puisse pas maîtriser. Je ne reconnaissais pas la voix derrière le rideau. Le prêtre m'a dit qu'il ne pouvait pas me donner l'absolution à l'avance pour quelque chose que j'avais pas encore commis. « *Ne pourriez-vous pas au moins me donner un psaume à réciter* », lui ai-je demandé. « *Que pensez-vous du psaume 23 ?* » a-t-il répondu. « *Je ne peux réciter celui-ci qu'en hébreu* », lui ai-je dit. « *Êtes-vous juive ?* » m'a-t-il demandé. Quand je lui ai dit que j'étais juive, le prêtre m'a invitée à lui rendre visite à Cracovie pour voir où les Juifs avaient été embarqués pour Auschwitz.

C'est le soir maintenant et Jeremy, l'évêque anglican retraité de Papouasie-Nouvelle-Guinée, qui est le neveu de Benigna, vient de dîner avec nous. Nous avons tous bien ri parce que Vlad (mon ami prêtre polonais) a téléphoné pour vérifier deux ou trois choses avant mon départ pour la Pologne demain matin. Il m'a demandé comment j'allais le reconnaître, mais quand je lui suggéré de mettre une fleur à sa boutonnière il n'était pas très heureux. Il a dit qu'il y aurait beaucoup d'hommes à l'allure cléricale à l'aéroport mais qu'il était sûr que je le reconnaîtrais.

15 mai 2001

Cracovie

Et je l'ai tout à fait bien reconnu : souriant et un peu corpulent, exactement comme je me souvenais de lui. En route pour le séminaire, dont il est responsable, il m'a demandé de lui raconter brièvement l'histoire de ma vie, parce que ses collègues voulaient savoir qui était cette Gila. J'ai fait de mon mieux et lorsque nous sommes arrivés à destination, il savait tout.

Quel accueil ! Un très bel ensemble de pièces, au rez-de-chaussée du séminaire, des fleurs et des fruits partout ! Le séminaire se trouve à Bernardinska, en plein centre de la ville, dans une splendide rue verdoyante avec le château d'un côté et au bout la Vistule, fleuve magnifique. Je me sens déjà bien chez moi.

17 mai 2001

Je prends mes repas avec les prêtres dans leur salle à manger privée. Quel privilège ! Vlad m'a demandé de bien vouloir changer de place demain et j'ai dit que je le ferai avec plaisir. Quand je lui ai demandé pourquoi, il m'a dit que l'évêque venait et que j'étais assise à sa place !

18 mai 2001

L'évêque

J'étais très anxieuse ce matin et j'ai mis une jupe neuve. L'évêque est finalement arrivé à midi. Bien que le séminaire soit à Cracovie, il est évêque de Sosnoviec. Grand et imposant, il avait un visage buriné très expressif. Vlad m'a présentée : « *Voici Gila, elle est juive !* ». L'évêque a répondu : « *J'aime bien les Juifs* » et j'ai compris que son intention était bonne. Notre conversation s'est tournée vers l'hébreu et Israël ; l'évêque avait étudié à l'École Biblique de Jérusalem. Puis il a paru ne plus avoir grand-chose à dire. Il a baissé le regard sur son assiette, puis en me regardant droit dans les yeux m'a dit : « *Vous aimez la vodka ?* », les séminaristes ont alors éclaté de rire parce qu'ils savaient que la veille j'avais passé la soirée à en boire dans un bar voisin.

À la fin du repas, l'évêque m'a fait le grand honneur de dire la prière d'action de grâce en anglais.

19 mai 2001

Je suis tombée carrément amoureuse de cette ville et presque aussi d'un des séminaristes ! Il s'appelle Gregory et il a été chargé par Vlad de me faire visiter les sites intéressants. Gregory, qui a repris des études et dont l'anglais est parfait, m'a expliqué dans le château que le mobilier avait été expédié par voie maritime de Gdansk, au nord, à Cracovie au sud. Il existe de nombreuses légendes dans cette ville et il est difficile de se souvenir de toutes. Vlad m'a emmenée à une messe célébrée dans le château en l'honneur de Jean Paul II (Ania l'a rencontré lorsqu'il était évêque de Cracovie), et je lui ai fait remarquer que tout le monde ici portait sa soutane. Alors que nous gravissions la côte avec peine, Vlad m'a répondu avec fermeté : « *Ne vous moquez pas de ma soutane, je la porterai jusque dans mon cercueil !* »

20 mai 2001

C'est par un heureux hasard que la visite d'Ania à sa mère à Cracovie coïncide avec mon séjour ici. Aujourd'hui nous avons convenu de nous retrouver pour prendre un café à Kazimierz, toujours connu comme le quartier juif, bien que plus beaucoup de juifs n'y vivent depuis un certain temps. Après l'Holocauste, en 1968, le gouvernement polonais a obligé les juifs qui vivaient encore là, ou qui y étaient revenus, à partir.

La légende veut que le roi Casimir, qui s'était montré bon envers les juifs vers 1600 en les laissant venir en Pologne alors qu'ils étaient expulsés des autres pays d'Europe et tenus responsables de l'épidémie de peste, ait eu une maîtresse juive nommée Esther. Le roi demanda à Esther ce qu'il pourrait lui donner. « *Un quartier où mes sœurs et frères juifs pourront vivre en paix* », répondit-elle. C'est ainsi que Kazimierz vit le jour. C'est un quartier très animé, avec une ambiance juive que l'on retrouve dans les cafés, les restaurants et les lieux où l'on joue de la musique Klezmer, et un sens profond de l'histoire. Ania et moi avons pris un szarlotka, un gâteau polonais aux pommes, puis nous nous sommes promenées dans la ville. Nous avions dépassé les tramways et tentions de traverser la rue. Tout à coup, Ania m'a attrapée par la main, comme si nous étions enfants, pour me faire traverser rapidement. Nous sommes arrivées à une église et, me serrant le corps de mes bras, j'ai dit à Ania : « *Tu sais, j'ai l'impression que cette ville me prend comme ça* ». « *Eh bien*, m'a répondu Ania, *c'est soit un serre-joint, soit… une étreinte* ».

Je savais, moi, que c'était une étreinte et j'éprouvais un fort sentiment de « *retour au bercail* ».

23 mai 2001

Vlad n'est pas ici aujourd'hui – il est parti enseigner à Częstochowa. Il m'y a emmenée faire un petit tour hier et a dit une messe en privé à mon intention dans une des chapelles latérales. Il a parlé du fait que Dieu était caché et de l'objet de notre quête qui était de Le révéler. Il m'a acheté une belle icône de Jésus pour remplacer la mienne, que j'avais donnée à quelqu'un il y a bien des années à Cambridge. Vlad ne veut pas que je me fasse religieuse ; il pense que cela changerait ma personnalité. Pendant qu'il était parti, le collègue qui assurait ses fonctions m'a dit que ce serait bien si je pouvais venir m'installer à Cracovie et enseigner l'hébreu aux jeunes séminaristes ! J'étais très heureuse et me suis sentie honorée.

24 mai 2001

Auschwitz

Vlad m'a dit qu'il visite Auschwitz pour ne pas oublier que, lui aussi, est capable de commettre des atrocités. C'est donc avec un peu d'appréhension que je l'y ai accompagné. En fait, j'ai été surprise quand je suis arrivée.

Ce que j'ai remarqué en premier, ce sont les diverses instructions sur les murs des toilettes, qui sont en hébreu et en polonais. Pour une raison quelconque, j'ai trouvé cela troublant. Je me suis dirigée vers les baraquements où avaient vécu de nombreux juifs, mais aussi des prêtres polonais ; il y avait sur les murs des photos avec des noms. On diffusait de la musique juive et un homme à l'air plutôt triste, qui me semblait juif, était assis près de moi. En écoutant la musique, c'était comme si je sentais Israël renaître de ses cendres et ce sentiment de résurrection n'allait pas me quitter durant tout le reste de la visite.

Je me suis jetée sur « *le Mur de la mort* » (c'est ainsi qu'on l'appelle) et j'ai crié que rien ne pourrait me subjuguer. J'avais le sentiment que j'allais chanter à Auschwitz et c'est lorsque j'étais près de la cellule de Maximilien Kolbe, parmi l'acier et le béton, que j'ai élevé ma voix et chanté *Eli, Eli*, qui évoque le Dieu transcendant qui n'a pas de fin. Ce poème a été écrit par Hannah Szenes, une jeune hongroise juive qui émigra en Palestine dans les années 1930. Lorsque la guerre éclata, elle rejoignit un groupe paramilitaire et fut parachutée en Hongrie. Elle fut arrêtée et condamnée à mort par les Nazis.

C'est lorsqu'elle vivait dans un kibboutz en Galilée et qu'elle se promenait un jour en bordure de la mer de Galilée, qu'elle écrivit le poème *Eli, Eli*. Elle a également écrit dans son roman :

Les âmes de ceux qui sont partis avant nous éclairent le chemin pour le reste de l'humanité.

Vladimir m'a regardée m'agenouiller dans la cellule de Kolbe, ornée de quelques fleurs, en hommage à ce grand homme. Kolbe, qui avait donné sa vie en échange de celle d'un inconnu qui avait des enfants, exaspérait tout particulièrement les Nazis parce qu'il faisait chanter les prisonniers. Il serait mort en chantant. Là encore, le pouvoir de la Résurrection se ressentait fortement.

Nous sommes allés au camp un peu plus haut, mais il ne s'en émanait qu'une sorte de terrible incertitude. Jean Paul y aurait dit la messe, mais on n'avait pas l'impression d'être dans un lieu consacré et j'étais impatiente de rentrer à Cracovie.

Sur le chemin du retour, nous avons récupéré deux étudiants et, pour nous remonter le moral, nous nous sommes arrêtés dans la ville natale du Pape et mangé un gâteau spécial, créé en son honneur par un boulanger du coin. Nous avons ensuite visité la maison où avait vécu Jean Paul. Certains de ses journaux étaient exposés dans une vitrine. Je n'ai pas pu m'empêcher de noter que son écriture semblait identique à la mienne.

26 mai 2001

Le point culminant du voyage a été l'invitation par Vlad et sa sœur à la communion de sa nièce. Magda est une belle enfant d'une dizaine d'années et ce fut pour moi une grande occasion. La cérémonie s'est déroulée dans l'église du village et j'étais assise à côté du père de Vlad, un petit homme très aimable, et chic dans son complet bleu. Les enfants étaient tous vêtus de blanc (c'était amusant de voir que les petits garçons portaient des chaussures blanches en plastique !) et Vlad a prononcé le sermon. Il a démontré le miracle de l'Eucharistie avec une miche de pain et divers gestes intéressants ; bien sûr, je n'ai compris que quelques bribes, mais les enfants étaient captivés.

Après, nous sommes allés chez sa sœur. Vlad m'a dit que c'était dans ce jardin qu'il avait dit à son père qu'il voulait être prêtre. Son père était, au moment, en train de bêcher et il n'a même pas levé les yeux lorsque Vlad lui a appris la nouvelle ; il a continué de bêcher. Nous étions maintenant tous assis autour d'une table somptueuse, regorgeant de délices polonais. J'ai été accueillie très chaleureusement.

Le père de Vlad était mon voisin de table. Nous avons découvert que nous pouvions converser en allemand. Soudain il s'est tourné vers moi et m'a dit : « *J'avais beaucoup d'amis à l'école. Un jour ils ont tous disparu. Polonais, juifs, nous ne sommes tous qu'enfants de Dieu, n'est-ce pas Gila ?* ».

Me promenant dehors plus tard avec Vladimir, j'ai remarqué tout à coup que partout il y avait des arbres fruitiers.

19 juin 2001

Beata rencontre Benigna

J'avais préparé un bon goûter dans le jardin. Juste au moment où je pensais qu'elle n'arriverait pas, Beata est apparue. Dans ses yeux se lisaient la beauté, le pouvoir de guérison, la douceur et la contemplation... J'allais devoir y faire allusion ! Lorsque je lui ai dit qu'elle avait de très beaux yeux, elle m'a raconté qu'à l'âge de 15 ans elle se trouvait à l'étranger avec ses parents, quand un Russe s'approcha d'elle et lui dit qu'elle avait de si beaux yeux qu'il voulait l'enlever ; ses parents l'avaient toutefois retenue.

Nous avons parlé ensuite de sa timidité (mais je pense que, dans le fond, elle est très forte) et du fait qu'elle avait accepté de grosses responsabilités : elle s'était présentée à des élections et faisait des études de médecine. J'ai saisi ma chance. « *N'as-tu jamais pensé à te faire religieuse ?* » lui ai-je demandé. « *C'est le genre de chose à laquelle on pense quand on est en vacances* », a-t-elle répondu.

Benigna est venue nous rejoindre dehors et elles ont bavardé joyeusement. Une fois Benigna rentrée à l'intérieur, Beata m'a demandé si je lui recommanderais d'aller à Auschwitz. Je lui avais parlé de la visite que j'y avais faite récemment. Il s'avère que, pendant la guerre, un juif avait aidé son père, polonais, à s'échapper. Je lui ai dit que je ne saurais lui recommander, à moins que ce ne soit la volonté de Dieu. Beata est rentrée quelques instants à l'intérieur, ce qui m'a laissé le temps de réfléchir et lorsqu'elle est ressortie je lui ai dit : « *Les enfants vont bien à Auschwitz ; je pense que tu devrais y aller* ».

Assise sur son vélo au portail, elle m'a dit combien elle avait eu plaisir à bavarder avec moi. Je lui ai mis la main sur l'épaule et lui ai dit au revoir.

27 juin 2001

J'ai appelé le tribunal matrimonial et Mme M. m'a dit que le premier tribunal, et le plus important, s'était déclaré en faveur de notre demande d'annulation. Cela n'est-il pas beau ? L'Église confirme que nos vies peuvent continuer ainsi. Je peux librement poursuivre ma vocation, et David sa vie avec Rebecca et le petit Paul.

Néanmoins, j'en ai été émue jusqu'aux larmes, éprouvant du chagrin, une grande tristesse, du soulagement et probablement des milliers d'autres choses. Après cette conversation téléphonique, Mary, la locataire qui est aussi catholique, m'a vu sortir de la pièce. Je lui ai raconté ce qui venait de se passer et elle m'a dit que David et moi resterions toujours amis, mais que quelqu'un me guidait.

28 septembre 2001

Hier, qui était le jour de la fête de Yom Kippour, je n'arrivais pas à décider si je voulais aller à la messe ou à la synagogue. Je suis finalement allée à la messe. Quand je suis arrivée à la grande église, le père Robert, debout derrière le lutrin, était en train de dire : « *Aujourd'hui c'est la fête de Yom Kippour* ». Alors tous mes amis se sont réunis autour de moi pour me serrer dans leurs bras et me dire combien ils étaient heureux que je sois là.

4 octobre 2001

Maryvale

Je viens d'assister, ici à Birmingham, à la conférence inaugurale du programme d'enseignement à distance de la théologie catholique. J'en avais entendu parler il y a des mois, avais fait une demande, puis pris peur et avais changé d'avis. Puis un soir où j'étais allée à la piscine, je me suis trouvée d'en parler avec une femme qui y était aussi et elle m'a dit d'une voix percutante : « *Il faut que vous y alliez !* », avant de repartir à la nage. J'ai donc refait une demande et me voilà ici.

Le conférencier s'appelle Francis Clark. En l'écoutant, j'ai senti comme une flèche d'amour me percer le cœur et j'ai eu le sentiment que c'était la raison pour laquelle j'étais là. Bienveillant et doux, il a l'esprit large en matière de théologie. Il s'avère qu'il était jésuite, qu'il fut blessé à la guerre, qu'il s'est marié et a écrit un livre sur sa vie intitulé *Godfaring*. Après la conférence, je lui ai parlé et dit que j'étais une juive convertie. Je lui ai aussi parlé de la communauté des *Little Sisters of Joy* qui est, bien sûr, toujours en cours de formation. Il m'a demandé de lui écrire.

Tout le monde paraît très sympathique. Le directeur des études, le père John, est un homme dégingandé et, paraît-il, un anglican converti. D'un abord féroce, mais doux au fond, j'en suis sûre ! J'ai rencontré un couple charmant de Barrow-in-Furness, Nick et Martina ; lorsque j'ai dit tout haut que j'avais besoin de vacances, ils m'ont tout de suite invitée chez eux. Ils habitent en bordure de la région des Lacs, dans un secteur un peu retiré.

Le programme est exigeant : une dissertation de 5 000 mots par mois et trois ou quatre cours résidentiels ici à Maryvale. C'est ici que le Cardinal John Newman a vécu peu après s'être converti au catholicisme, alors qu'il établissait sa communauté (dans le « *Vale of Mary* » – la *vallée de Marie*). On y trouve une belle chapelle avec une statue de Notre Dame au-dessus de laquelle est inscrit en latin : « *Marie est complètement belle* ».

7 novembre 2001

Toute cette question de paix et de réconciliation doit me préoccuper l'esprit parce que la nuit dernière j'ai fait un rêve fascinant. J'ai rêvé que je montais Brooklands Avenue en compagnie de David et de Benigna. Quand on arrive en haut, l'avenue se divise en deux routes, une qui part à gauche et l'autre à droite. Celle de gauche se présentait sous la forme d'une mare de sang. David et Benigna ont disparu à droite alors que, moi, j'ai traversé la mare. Je n'avais pas peur et à mon réveil, j'en ai tout simplement pris note.

14 novembre 2001

Épuisée, j'ai dû faire un effort pour aller rendre visite à ma mère à la maison de retraite juive à Londres. Sam, mon frère, y est passé cinq minutes et je l'ai serré dans mes bras. J'ai apprécié. Je lui ai demandé de me trouver des photos de mes grands-parents paternels. Tout ce que je sais d'eux, c'est que mon grand-père était ébéniste et qu'il était originaire de Minsk (Biélorussie).

Mais c'est la rencontre que j'ai faite dans le bus qui m'emmenait de la maison de retraite à Golders Green qui a été le meilleur moment de la journée, et une leçon d'humilité. Une femme juive est montée dans le bus – nez aquilin et teint foncé. Elle savait de toute évidence que j'étais juive aussi. Elle était de Dublin, mais vivait à Londres depuis 60 ans, retournant de temps en temps en Irlande. Je lui ai révélé que j'étais de Cambridge et elle m'a demandé ce que j'y faisais. « *Des études* », ai-je répondu. « *De quoi ?* », m'a-t-elle demandé. « *De théologie* », lui ai-je dit. « *C'est quoi ça ?* » m'a-t-elle demandé. « *Ç'a à voir avec Dieu* », j'ai répondu. « *Je n'en vois pas l'intérêt*, a-t-elle riposté, *j'ouvre tout simplement le livre de prières et je crois ce que je lis* ». Et elle a ensuite cité un passage que je chantais enfant et dont je me suis souvenu – l'air m'est revenu à la gare de Golders Green.

Les cieux sont les cieux de l'Éternel

Mais Il a donné la terre au fils de l'homme

Ce n'est pas aux morts de louer l'Éternel

Ni à ceux qui descendent dans le silence

Mais nous, nous bénirons l'Éternel

Maintenant et toujours

Puis elle a ajouté : « *Dieu nous révèle certaines choses, mais le reste Il le garde pour lui* ».

Et se levant pour descendre du bus, elle m'a dit : « *Restez en bonne santé, sei gesund, sei gesund* ».

26 novembre 2001

Aujourd'hui, l'annulation de notre mariage a été prononcée. Sœur Jenny et moi étions ensemble l'après-midi au Grad Pad (le centre social de l'université) et nous avons fêté ça. Cette religieuse calme d'une soixantaine d'années est pour moi une source de grande force. La lettre envoyée par l'Église disait : « *Vous êtes maintenant libre, avec la bénédiction de l'Église, de conclure une autre union* ».

Plus tard, j'ai lu la lettre à l'amie qui m'avait fait rencontrer David en 1982 et lui ai dit que la conversation, engagée mi-juin 1988, dans laquelle j'avais annoncé à David que Dieu me demandait de rompre mon mariage, était, 13 ans plus tard, arrivée à sa fin. *En ma fin gît mon commencement.* J'ai décidé d'organiser une fête pour mes amis proches.

8 décembre 2001

Ma filleule

C'est la fête de l'Immaculée Conception. Comme pour l'Assomption, Marie confère de nombreuses grâces à l'occasion de cette fête. Eleanor vient d'être baptisée et de confirmer dans l'Église catholique, et donc j'ai ma première filleule. Je l'ai rencontrée à la bibliothèque de l'université et elle m'a dit qu'elle préparait un doctorat en histoire, qu'elle jouait de la clarinette et qu'elle envisageait de se convertir au catholicisme... Et qu'elle était originaire de Baltimore.

Le point saillant a été pour moi le moment où je lui ai tendu le cierge et lui ai donné la Lumière du Christ. Elle n'a cessé de dire, après, combien le cierge était beau et, c'est vrai, il provenait de Walsingham. À l'orgue, Benigna s'est montrée héroïque, et j'ai chanté l'*Et Exultavit* avec sentiment. Le père Robert, Terry, B et moi nous sommes réunis à table autour d'un souper, plutôt désordre mais convivial, et aux côtés d'Eleanor qui avait l'air extrêmement sereine. Dieu soit loué !

La cathédrale Notre-Dame de Paris, où Gila rencontra le Cardinal Lustiger en 1999

Plantation d'un bouleau blanc dans le jardin à Newton Rd, janvier 2000

Clare Ranson à Bethléem

Gila le jour de ses 50 ans à
Newton Road, décembre 2001

Gila et Benigna Lehmann
« à l'étage » à Newton Road

Ania Norman chez elle

Cracovie, 2001 – Première communion de la nièce de Vlad (Le P. Scoczny). Gila et le père de Vlad, devant à gauche

Tim Bennett, ami et voisin

Mme P. (Lydia Paschalis), la propriétaire du Regent Hotel

Bouleau blanc dans le jardin du Haven

Eleanor Stewart, la filleule de Gila

La mère de Gila, Dorothea, janvier 2004

L'évêque Pearse Lacey, évêque émérite de l'archidiocèse de Toronto aujourd'hui décédé, avec Gila

L'auteur avec la première partie de ses mémoires, *The Moving Swan*, en 2006

Un Israélite fête le Sabbat au marché artisanal de Cambridge, ancien centre de la communauté juive médiévale de la ville

12 décembre 2001

Cinquante ans

Quelque chose de vraiment beau s'est passé hier soir. J'ai fêté mes 50 ans, en compagnie d'amis proches, dans le salon chez Benigna à Newton Road. Avant l'arrivée de tous mes invités, Benigna et moi avons allumé les bougies ensemble – c'était le deuxième jour de la fête de Hanoucca, et donc un jour de grande grâce. Je portais mon caftan long bleu.

Ce fut une soirée inhabituelle parce que j'avais demandé à mes invités de faire leur numéro préféré et la plupart d'entre eux ont accepté. Ma nouvelle filleule a joué de la clarinette, accompagnée au piano par Benigna. Fardijah, la fille de cette dernière, a interprété à la contrebasse *The Hippopotamus* (très bien choisi car je m'identifie aux hippopotames), et le son a empli la pièce. Sat était là, ainsi que Linda et Richard, et Ania et moi avons joué un duo au piano ; je crois qu'ils ont trouvé le morceau émouvant.

Le père Edward Booth, mon ami dominicain, s'est surpassé en présentant un sketch sur la vie religieuse dont il est lui-même l'auteur et sœur Jenny a clôturé la soirée en récitant merveilleusement le psaume 150 en grec. Jillian Skerry est venue ainsi qu'une amie polonaise nommée Agnieska, qui a bavardé avec Ania.

Pam est enfin arrivée – je crois qu'elle était venue tout droit d'Oxford. Je me tourmentais un peu parce qu'elle était en retard. Mais quand elle est arrivée, elle portait une robe multicolore magnifique qu'elle avait mise spécialement pour moi, m'a-t-elle dit en me serrant dans ses bras. Elle m'a aussi offert un splendide châle rouge et orange en velours.

Mais peut-être la pièce de résistance a été la contribution de Clare, ma « *fille de cœur* » bien-aimée. À ma grande surprise et grande joie, elle avait préparé un long éloge dans le style du *Seigneur des anneaux*, rappelant divers moments passés ensemble. Elle a relaté la merveilleuse histoire de notre amitié avec poésie et élégance, et cité en conclusion un poète libanais :

Que le meilleur de vous-même soit pour votre ami.

S'il doit connaître le reflux de votre marée, qu'il en connaisse aussi le flux.

Car à quoi bon un ami auquel vous ne feriez appel que pour tuer le temps ?

Recherchez toujours sa compagnie pour des heures pleines de vie.

(Kahlil Gibran)

Juste avant mon anniversaire, je suis allée rendre visite à ma vieille amie au Hope Nursing Home (maison de retraite). Elle venait de perdre la vue et elle m'a dit que c'était la meilleure des choses qui ait pu lui arriver parce qu'elle se faisait maintenant tout un tas de nouveaux amis qu'elle n'avait pu se faire jusqu'ici. C'était le jour de ses 90 ans. Je lui ai demandé comment je devrais vivre le restant de ma vie. Après quelques instants de réflexion, elle m'a répondu : « *Comme tu l'as toujours fait.* »

2 janvier 2002

Benigna a été malade ces derniers jours ; c'est comme si elle avait été tout au fond d'un profond océan et elle n'a « refait surface » qu'hier à 14h quand, bizarrement, Rachel (une amie de longue date qui est liée dans mon esprit à la guérison) a téléphoné pour la première fois depuis deux ans. J'ai réalisé à mon réveil ce matin que nous avions bien failli perdre Benigna.

Alors que j'écrivais à Maryvonne, lui parlant de Pam et du fait qu'elle allait peut-être se joindre à nous, Pam a téléphoné. « *Sœur Gila* ! » a-t-elle dit. J'étais vraiment heureuse d'entendre sa voix et je lui ai dit que B. allait suffisamment bien pour la recevoir. J'ai eu l'impression qu'elle, aussi, était soulagée. L'attente ce matin a été difficile, comme toujours, même s'il y avait beaucoup à faire – promenade du chien, etc. J'ai lu un bon livre d'enfant. Les oiseaux sautillent sur la pelouse couverte de neige et le soleil brille. Pam est arrivée à 14h et qui sait ce qui va se passer maintenant ? Dieu nous serre entre ses mains.

Je viens de lire un autre texte que j'ai conservé d'une fête indienne l'année dernière :

C'est dans la JOIE que nous naissons

C'est dans la JOIE que nous vivons

Et

À notre mort, c'est à

La JOIE

Que nous retournons.

1er février 2002

Pam est venue vivre en communauté avec moi, en tant qu'amie. Elle m'a demandé si elle pouvait faire toutes les courses et la cuisine, alors que, moi, je me chargerais de tous les aspects religieux, comme par exemple l'entretien de la chapelle. Bien sûr j'ai dit oui, secrètement enchantée de sa proposition, et ce soir-même elle a préparé pour Benigna et moi un excellent repas, que nous avons pris à l'étage. Pam est un oiseau mystérieux, un phœnix renaissant de ses cendres.

C'est aussi quelqu'un de charismatique. Adoptée par une famille américaine catholique, elle a découvert qu'elle était née dans une famille du Canada français et elle est maintenant en train de faire des recherches sur ses ancêtres sur Internet. Elle a découvert que l'un de ses arrière-grands-pères était trapéziste et qu'il avait engendré dix-neuf enfants vivant dans une pauvreté abjecte, alors que l'autre, son arrière-grand-père Bernier, était un célèbre explorateur de l'Arctique, dont les annales, accompagnées de photos, sont conservées au prestigieux Scott Polar Institute ici à Cambridge. Ses propres travaux, qui portent sur la cartographie des communautés juives au Moyen Âge, y compris celles de Cambridge et d'Oxford, sont uniques, sans parler des commentaires fascinants et pleins d'humour qu'elle partage avec les personnes auxquelles elle fait visiter le quartier juif médiéval de Cambridge, lequel s'étend de la Round Church (Église ronde) au Guildhall (Palais des corporations).

Je me trouvais au Guildhall l'autre jour et j'ai découvert qu'il avait été, jadis, une synagogue. À ce que je crois, aucun des maires de la ville n'est jamais entré dans une synagogue et j'envisage de contacter la communauté juive et d'emmener le maire actuel à la synagogue pour le Sabbat.

7 février 2002

Hier soir Ania est venue dîner et m'a donné un cours de polonais. Pam a cuisiné un excellent repas. L'harmonie régnait entre nous, et ce matin j'ai rêvé aux cygnes de Great Shelford.

19 mars 2002

Jour de la saint Joseph, tard

John, le père vietnamien, vient de nous bénir dans la chapelle du jardin. Un grand événement. Benigna était présente, bien sûr, de même que Pam et Clare. Le père John venait de mettre ses vêtements liturgiques (qui étaient très beaux), quand nous avons entendu gratter à la porte. C'était Buster, notre chien, qui voulait se joindre à nous. Il a été béni lui aussi.

Le lendemain matin

Je viens d'apprendre que David et Rebecca ont eu une petite fille, née au milieu de la nuit. Ils pensent l'appeler Anna ; c'était le nom de ma grand-mère.

Troisième dimanche de Carême 2002

M. et Mme Faisant atterrissent tous les matins vers 7h pour prendre leur petit déjeuner sur la pelouse. Elle est beaucoup plus timide que lui et, quand j'ouvre la fenêtre pour leur jeter du pain, elle déguerpit et se cache sous la corde à linge. Il est plutôt intrépide et se pavane.

Robert a fait un superbe sermon aujourd'hui à Grange Road sur la Samaritaine au puits. Il était tout en nuances. Je suis si contente de l'avoir rencontré après que le père Brendan soit tombé malade. Il a dit la messe pour nous dans la chapelle du jardin hier soir et la célébration a été émouvante ; Benigna était présente ainsi que Robert Frost, qui a construit l'autel.

La famille de Pam semble considérer qu'elle vit dans un milieu sain (en ses propres termes, elle « *vit dans la pauvreté avec les*

Little Sisters of Joy »), nous devons donc faire quelque chose de bien. Le jardin regorge de jonquilles sur le point de fleurir.

16 avril 2002

Vendredi, j'ai donné un *Concert pour la paix et la réconciliation* à Newton Road. Les préparatifs avaient demandé beaucoup d'efforts et mobilisé tout le monde. Ania est venue avec son copain Mike.

Pendant le concert, alors que je chantais, Ania me regardais avec tant d'amour que, d'une part, j'avais de la peine à le supporter mais, d'autre part, cela me donnait le courage de continuer. Mike a parlé à Benigna pendant l'entracte, ce qui lui a fait bien plaisir. Nous avons recueilli 71 livres sterling. Le petit vieux qui fait le ménage à Lucy Cavendish avait été le premier à nous donner une livre, lui ayant promis qu'un jour nous interpréterions *Cavalliera Rusticana* !

J'ai commencé à lire *Aventure au cœur de l'Afrique* de Laurens van der Post. Hier soir, j'ai longuement parlé à Pam de Svetlana, ma très chère amie qui est décédée. Ancienne étudiante en licence et actrice vedette à Newnham, elle déchira ses programmes et devint ermite. Elle fut baptisée dans l'église orthodoxe russe par le métropolite Anthony et gagna sa vie tant bien que mal en faisant des corrections d'épreuves. Elle ne pouvait pas voyager, mais me demandait toujours de l'emmener « *dans mon cœur* ». Elle m'avait donné une longue citation de Laurens van der Post sur l'accomplissement de notre destin, laquelle disait grosso modo que nous avons le devoir d'essayer d'accomplir notre destin si nous avons la grâce d'en avoir un aperçu, parce que c'est la seule chose qui donne un sens à la vie. Elle est morte subitement d'une crise cardiaque et je suis certaine qu'elle est maintenant au paradis avec les anges.

Benigna est venue s'asseoir dans la chapelle hier vers 18h, un moment magique. Ayant jeté tout autour son regard d'expert, elle a déplacé certains des tableaux et, bien sûr, le résultat était beaucoup mieux. Je pense qu'elle se sent heureuse et activement impliquée.

1er juillet 2002

Le père Billy a eu une merveilleuse idée. Il a dit que je devrais fonder une association des Amis des *Little Sisters of Joy*. Je ne sais pas comment j'ai fait, mais il s'avère que j'ai recueilli les noms d'environ 500 personnes de plus de 20 pays, les ayant rencontrées dans le train, le bus, l'avion, dans la rue et un peu partout ! Je viens de rédiger un bulletin que je vais leur envoyer, et qui décrit les merveilleux développements des 18 derniers mois, quand les choses ont commencé à prendre forme.

18 septembre 2002

De retour en Pologne

Une fois de plus j'ai été accueillie au séminaire de Cracovie par Vladimir, ses collègues et les jeunes séminaristes. La différence cette fois, c'est que je vais aller quelques jours à Varsovie pour voir des amis d'Eva, une de mes professeurs de polonais à Cambridge. Vlad m'a emmenée au restaurant, comme il le fait toujours le premier soir de mon séjour, et m'a raconté les dernières nouvelles.

20 septembre 2002

Je suis arrivée à Varsovie après un agréable voyage – les trains polonais me semblent très bien. J'ai trouvé amusant le fait que les jeunes gens aident les femmes âgées à mettre leurs valises dans le compartiment à bagages, se plongent dans leur journal pour le restant du voyage, et aident à nouveau les femmes âgées à descendre leurs bagages une fois à destination !

Les amis d'Eva sont très sympathiques et leurs enfants bien élevés. Ils habitent dans un appartement de haut standing et m'ont donné une belle chambre. Après m'avoir fait découvrir le quartier à pied et acheté une glace, le mari m'a demandé si j'aimerais aller voir le ghetto de Varsovie dimanche ; cela m'a un peu surprise mais j'ai dit que oui.

22 septembre 2002

Il est difficile de se rappeler que Varsovie s'est littéralement relevée de ses cendres ; la ville est plutôt impressionnante et a été entièrement reconstruire. Nous avons visité le musée national, mais je l'ai trouvé plutôt sinistre – beaucoup trop d'objets militaires exposés. On trouve dans la ville plusieurs monuments commémorant l'Holocauste. Il ne reste rien du ghetto, si ce n'est un vaste espace autour duquel on a construit des appartements. Toutefois, à la périphérie se trouve de grosses pierres très impressionnantes portant des inscriptions en polonais et en hébreu. Et la première chose que j'ai vue c'est une femme qui donnait à manger à des centaines de pigeons, qui se sont ensuite envolés vers les cieux en un geste symbolisant la résurrection.

Mon hôte et moi avons fait le tour de toutes les pierres et lu soigneusement toutes les inscriptions. Alors que nous nous approchions de la dernière pierre, nous avons vu deux hommes penchés dessus. Il s'est avéré qu'ils venaient d'Israël, l'un né dans ce pays et l'autre originaire de Roumanie. Ils ont vu que je portais une croix en bois et m'ont demandé qui j'étais. Je leur ai dit que j'étais une juive chrétienne de Cambridge, en Angleterre, et que j'œuvrais pour la paix et la réconciliation. « *Est-ce que Cambridge a besoin de ça ?* » m'a demandé le Roumain. « *On en a besoin partout* », lui ai-je répondu. Il a ensuite ajouté qu'il n'avait rien contre le christianisme car, enfant, il avait été employé pour sonner les cloches de l'église de son quartier le dimanche. Ayant poursuivi quelques instants notre conversation sur le thème de la paix, il m'a dit en latin « *Dominus vobiscum* », *Dieu soit avec vous*. J'en ai été profondément émue.

24 septembre 2002

De retour à Cracovie

Je suis de retour à Cracovie et je viens de visiter la synagogue de *Rem'ou*. Ce doit être là que bon nombre des juifs célébraient leur liturgie avant d'être emmenés au ghetto, ou ailleurs. Vlad m'avait montré l'arrêt de bus qui marque le lieu de déportation. Dans la synagogue, j'ai pu guider trois groupes différents de touristes, leur expliquant ce qu'étaient l'arche et la table de lecture, ainsi que la lumière éternelle au-dessus de l'arche, et comme par hasard quelqu'un avait laissé traîner un châle de prière...

Une fois sortie de la synagogue, je me suis dirigée vers la grande place et j'ai dansé au son d'un accordéon. Je me suis sentie à nouveau libre et le cœur très léger.

8 octobre 2002

Hier soir, le père John Minh, le prêtre vietnamien qui nous a bénies l'année dernière, est venu dire la messe pour nous dans la chapelle du jardin. Nous étions environ quatorze et sœur Jenny a fait remarquer après que c'était un endroit merveilleux où « *venir pour échapper au froid* ». C'était un soir plutôt hivernal, mais la liturgie a été très réconfortante. Les sœurs de Brookside étaient toutes venues et, après, elles ne furent que trop heureuses de goûter un peu de ma vodka polonaise !

Un nombre assez important de personnes sont venues à la chapelle et c'est bon de penser que c'est un endroit où elles peuvent trouver la paix intérieure. Elle se trouve en bas vers le bois et tout près du lieu où coulait jadis le ruisseau.

1er novembre 2002

Jenny a suggéré que j'aille voir le père Theodore Davey, spécialiste de la loi canonique à Heythrop, le collège jésuite de Kensington qui fait partie de l'université de Londres. Hier, cet homme très aimable m'a accordé plus d'une heure de son temps, et tout gratuitement. Il m'a dit qu'il relevait du devoir de l'église de m'aider. Il a examiné la Règle de vie et dit : « *Nous ne touchons pas à la Règle de vie… c'est l'inspiration.* » Il a ensuite passé en revue les Constitutions, dont il reste encore une grande partie à écrire, et a insisté sur le fait que si je voulais que les vœux soient renouvelables tous les dix ans, il fallait prévoir une profession de vœux temporaires d'une durée de 3 ans, ce dont j'ai tout naturellement convenu. J'ai indiqué dans la Règle de vie que « *en renouvelant nos vœux tous les dix ans, nous jetons dans la foi un regard en arrière sur les années passées et nous nous préparons dans la foi aux années à venir, faisant de notre engagement un serment vivant et vital* ».

Je n'avais pas réalisé que le père Davey était si éminent ; c'est un homme qui vit en respectant vraiment l'esprit ainsi que la lettre de la loi.

Décembre 2002

Ces derniers temps, nous avons soigné Benigna qui se remet de sa jambe cassée. J'ai couché dans sa petite chambre pour que les services sociaux puissent s'occuper d'elle dans la pièce où se trouve la télévision, et où elle a reçu de nombreuses visites. Je rédige mes dissertations pour Maryvale assise à la table de la salle à manger pour pouvoir surveiller Benigna dans la pièce voisine. Je crois que sa famille en Amérique s'est fait du souci à son sujet parce qu'elle envoie une de ses petites-filles qui restera auprès d'elle pendant quelques mois. Je crains étrangement l'approche de nuages d'orage à l'horizon.

Les années charnières, 2003–2004

5 février 2003

Je me prépare à subir une intervention pour un cancer au sein, dont j'ai connaissance depuis deux ans, mais auquel je n'ai pu faire face jusqu'ici, pour diverses raisons. Une amie proche m'a dit qu'on se réveille toujours à la deuxième sonnerie de l'alarme ! On doit m'enlever le sein gauche et quelques ganglions dans le bras gauche. Alors qu'on m'examinait, une infirmière est entrée et m'a dit que l'expérience allait être spirituelle. Je ne l'ai jamais revue ; c'était de toute évidence un message venu du ciel et il faudra que j'en trouve la signification en temps voulu. Mais j'en ai tiré un grand réconfort.

J'ai vu le chirurgien. Je l'ai regardé droit dans les yeux et lui ai dit : « *Je sais que Dieu est dans vos mains.* »

10 février 2003

J'ai subi l'opération et je récupère à l'hôpital. Alors que j'étais allongée sur le chariot, un peu anxieuse, attendant d'être conduite au bloc, la jeune infirmière qui m'avait préparée s'est précipitée vers moi pour me dire qu'elle était catholique et que sa fête était le jour de la Saint Thomas More, le tout premier saint que j'ai découvert à l'âge de 14 ans lorsque j'étais à Glasgow, et le saint idéal pour veiller sur moi durant cette opération. Une fois au bloc, j'ai interrompu l'anesthésiste pour lui demander quand je pourrais boire ma vodka polonaise. « *Eh bien, pas ce soir* », m'a-t-il répondu.

À mon réveil après l'opération, tout le monde autour de moi riait et plusieurs aides-soignants se trouvaient à mes côtés, tous vêtus de blouses bleues. L'un d'eux m'a dit son nom et qu'il allait me raccompagner dans ma chambre. Je me suis retrouvée dans le service de gynécologie parce qu'il n'y avait pas de place ailleurs. Tout le personnel me paraît aimable, bien que mon kiné ne soit pas très bon. On peut même demander une tasse de thé au milieu de la nuit.

Ce matin il s'est passé quelque chose d'extraordinaire. Je me reposais quand une jeune femme est entrée. Je l'ai reconnue pour être de Lucy Cavendish College – une étudiante en médecine de Glasgow, très pratiquante. Nous avons bavardé un moment, puis, en pointant le doigt, elle me dit tel un prophète : « *Dieu, lui, sait où vous serez l'année prochaine à cette même période !* »

J'avais des doutes quant à l'avenir, car depuis l'arrivée des États-Unis de la petite-fille de Benigna les choses ont été difficiles, et sa remarque m'a laissée perplexe. Grâce à la nièce de Benigna, je vais en convalescence dans une clinique privée, où j'aurai de meilleures séances de kiné et pourrai mieux me reposer. Les choses se préciseront peut-être après. J'ai aussi réservé un séjour d'une semaine à Malte car, avant mon opération, une amie m'a envoyé une carte me disant que « *Malte est l'infirmière de la Méditerranée* ».

8 mars 2003, première semaine de Carême

Malte

Je suis arrivée ici au début de la guerre du Golfe. Il y a dans l'entrée de ce petit hôtel un grand écran de télévision et je vais m'efforcer, dans la mesure du possible, de ne pas y prêter attention. La vue sur la Méditerranée depuis l'hôtel est superbe.

Il y a une piscine en plein air, mais il fait encore trop frais pour que j'y aille, et donc une fois que je me serai un peu reposée, j'irai en ville et demanderai aux autres hôtels si je peux venir nager dans leur piscine. J'ai fait de la natation à la clinique dans le Sussex et ils m'ont dit que c'était bon pour mon moral.

Un couple charmant assis à la table à côté m'a demandé de me joindre à eux parce que je n'avais pas l'air d'aller très bien. Je dois dire que je leur suis reconnaissante, parce que c'est la première fois que j'ai réservé dans un hôtel familial et je ne voulais pas être seule. Je ne sais pas ce qu'ils font comme travail, mais j'ai l'impression que c'est quelque chose de religieux.

10 mars 2003

Je descendais la rue quand j'ai rencontré deux femmes. Elles m'ont demandé si j'étais maltaise – j'étais plutôt flattée ! Je leur ai dit que non et que ce devait être mes cheveux bouclés et mes traits juifs qui leur faisaient croire ça. Et quand j'ai dit à la jeune femme qui sert au bar du petit hôtel que j'aimais le pays, elle m'a dit « *Venez vivre chez nous, Gila !* »

11 mars 2003

J'étais toute seule à la piscine de l'hôtel du centre-ville aujourd'hui. Je me suis sentie forte, belle et certaine qu'on me guérissait. Je viens de visiter un ancien sanctuaire qui, selon les habitants de la ville, remonterait à l'époque de saint Paul ; on y trouve sur les murs de remarquables fresques qui pourraient, en fait, être son œuvre. Les Maltais sont un peu comme les juifs orthodoxes : ils bredouillent leurs prières et donc je me sens assez à l'aise. Je suis allée aussi à l'église du quartier, qui est très belle et perchée au sommet de la colline, surplombant la mer. Je vais demander au prêtre si je peux renouveler mes vœux, comme je le fais chaque année depuis ma rencontre avec le cardinal Lustiger en 1999, et c'est plus ou moins au bon moment du Carême. J'aime le faire à l'approche de la fête de l'Annonciation le 25, car c'est à cette date que j'ai été reçue dans l'Église.

14 mars 2003

Le prêtre était un peu réticent car, bien sûr, il ne me connaissait pas, mais après lui avoir expliqué ma situation, il a accepté avec plaisir de m'écouter faire mes vœux de pauvreté, de chasteté et d'obéissance un matin après la messe de huit heures. L'église était splendide avec son autel recouvert d'une nappe en dentelle, tissée à la main et brodée de motifs violets. À la fin de la messe, le prêtre maltais a recueilli mes vœux que j'ai renouvelés pour un an et a prié que je puisse les respecter !

Il faisait un temps magnifique quand je suis sortie de l'église sous le soleil matinal. Par cette matinée radieuse, pleine de promesses, je me sentais emplie de grâce et d'espoir. C'est alors que j'ai réalisé la façon dont ma souffrance avait été en fait une expérience spirituelle.

« *Je suis la vigne et vous les sarments* » dit Jésus dans l'évangile de Jean (chapitre 15). Et il poursuit en disant que tout sarment qui porte du fruit doit être émondé afin qu'il en porte davantage. Le cancer du sein que j'ai vécu m'a touchée au plus profond de ma féminité et confrontée à ma mortalité. Avec la nouvelle force que j'en ai retirée, je serai mieux en mesure de vivre ma vie encore plus pleinement et de m'adonner de tout cœur à ma tâche de servir Dieu. Et j'espère porter davantage de fruits !

19 mars 2003

Maintenant que Peter Smith a été nommé archevêque de Cardiff, Michael Evans est le nouvel évêque d'East Anglia. Un jour, il faudra que je lui soumette mes écrits. Ce sera un acte de foi.

14 avril 2003, Semaine sainte

J'étais suffisamment remise après mon opération pour coanimer le repas du Seder à la grande église comme d'habitude. Benigna est venue avec Hannah qui, malgré toutes les difficultés entre nous, m'a dit quelque chose de beau : elle voyait que j'étais enracinée dans ma tradition juive et je devrais en faire de même avec le Nouveau Testament. Une pensée touchante et la quête de toute une vie.

Il y avait environ 70 personnes, comme d'habitude, et en chantant la belle musique qui se tisse dans le Seder, je me suis sentie inspirée. Avec le père Tony à la barre, c'était une occasion merveilleuse de présenter aux gens d'autres traditions l'histoire du peuple juif et de leur permettre, par leur participation, de voir de façon mystique les liens entre la « *Pesach* » (Pessa'h – Pâque juive) et le mystère pascal chrétien.

6 mai 2003

Quelque chose ne va pas. J'ai souffert d'un bouleversement émotionnel et, pour la première fois, Pam a eu du mal à comprendre. Le Dr Hymas, mon psychiatre, a suggéré un court séjour à l'hôpital d'Addenbrooke's dans le service S3. C'était une bonne idée et cela m'a accordé un peu de temps pour réfléchir à tout ce que j'ai vécu ces derniers mois.

J'ai l'impression que je vais devoir me trouver un nouveau logement. Le Dr Hymas a été très aimable et serviable. Je me suis rendue au bureau de la municipalité au sein de l'hôpital, où l'on m'a dit que mon dossier était prioritaire et que l'on me trouverait un logement dès que possible. Cette année m'a présenté de nombreux défis, mais j'ai reçu suffisamment de grâces pour surmonter toutes les difficultés rencontrées.

16 juin 2003

Dieu emprunte des voies impénétrables pour accomplir ses merveilles. L'hôpital m'autorise à faire des sorties maintenant que je suis en convalescence, et je vais de temps en temps à la messe à l'église catholique de Walpole Road. Cette église se trouve près de l'hôpital mais aussi tout près de l'endroit où j'ai habité, dans ma propre petite maison neuve, quand je suis arrivée à Cambridge en 1982.

J'ai vu le père Eugene lorsqu'il a dit la messe à l'hôpital quelques jours seulement après mon opération et il a été très compatissant. Je me suis également fait une nouvelle amie, Margaret. J'ai découvert qu'une séance de prière de 40 heures avait été organisée et c'en était le dernier jour. Alors, ce matin, je suis allée prier une heure. J'ai ensuite fait une promenade à Cherry Hinton Hall, où j'ai habité dans le passé. J'ai ressenti la nécessité de retourner faire une autre petite prière.

Quelque chose m'a incité à dire « *Faites entrer mon frère dans l'église catholique* ». Cette prière était fervente, car même mon autre frère se faisait du souci au sujet de l'état spirituel de Ronnie ... il semblait flotter dans le vide. La dernière fois que j'ai parlé à Ronnie au téléphone, il m'a dit : « *Pourquoi tu me demandes si je suis à la recherche de la Vérité à deux heures moins vingt de l'après-midi ?* ».

Quand je suis rentrée à l'hôpital, on avait une mauvaise nouvelle à m'annoncer. Ronnie venait de mourir – il avait fait une crise cardiaque alors qu'il était à cheval. Je savais, de cette manière universelle qui ne peut venir que de Dieu, que maintenant, dans la mort, tout allait bien.

Je me suis rappelée que Ronnie adorait les chevaux. Lorsqu'il avait ses propres écuries et que les chevaux étaient dans les prés, quand il voulait les rentrer il leur chantait l'*Adon Olam*, le dernier cantique de la liturgie du matin du Sabbat, et ils venaient immédiatement.

8 septembre 2003

The Haven

Aujourd'hui j'ai emménagé dans mon nouvel appartement. J'ai un joli jardin, même s'il est envahi par les mauvaises herbes et les murs sont peints en rouge. J'ai sollicité l'aide d'une famille chrétienne, que j'ai rencontrée alors que j'étais dans un logement provisoire, pour m'aider à faire les peintures. J'ai choisi un blanc et un vert doux. Je suis sûre que les enfants feront un bon travail.

J'ai un grand salon, qui donne sur le jardin et communique avec une très petite cuisine, une assez grande chambre, un petit vestibule et une minuscule salle de bains. C'est merveilleux d'avoir à nouveau mon propre appartement et un nouveau jeu de clés. J'ai décidé de le baptiser « The Haven » (Le Refuge) et de l'offrir au Seigneur comme lieu de prière et d'hospitalité.

En face du jardin se trouve un petit bois – je crois qu'il a été planté il y a environ trente ans quand le lotissement était neuf. Les oiseaux y chantent très fort à quatre heures du matin ! Un couple de pies a élu domicile dans le quartier ; ces oiseaux sont capricieux, mais sont un signe de JOIE. J'ai découvert que le quartier est très cosmopolite, les résidents venant de partout dans le monde, mais en ce moment c'est très calme et on n'aperçoit presque personne. Mon appartement est de plus très difficile à trouver (il y a au moins trois façons d'y accéder), mais de ce fait je serais peu dérangée. Avec à proximité une bibliothèque, un bureau de poste et deux supermarchés, j'ose espérer qu'il y a un véritable sens d'appartenance à la communauté. Certaines parties de ce lotissement n'ont pas bonne réputation, mais lorsqu'on a vécu à Glasgow on peut vivre n'importe où et, souvent, ce que les gens vous disent au sujet d'un quartier ne reflète pas la réalité. Tant que l'on trouve une certaine solidarité humaine... et Glasgow était extraordinaire de ce point de vue-là.

Aujourd'hui est un jour spécial pour deux raisons. D'une part c'est le jour où l'Église commémore la naissance de la Vierge Marie, fille de Joachim et Anne (pour laquelle j'ai une affection particulière, ayant découvert la Vierge Marie dans le sanctuaire d'Anne de Beaupré au Québec en 1988), et d'autre part le début de l'année liturgique orthodoxe approche. J'ai donc beaucoup de chance. Le meilleur point quant à mon déménagement c'est que je suis tout près de l'église catholique St Laurence's et j'espère inviter le prêtre une fois que je serai installée pour lui raconter un peu ma vie.

12 septembre 2003

C'est le soir et en début d'après-midi il est arrivé quelque chose d'imprévu. J'étais assise près de la grande fenêtre du salon. J'aime la vue et j'ai décidé de ne pas mettre de rideaux. Vers quatorze heures, j'ai entendu un bruit assourdissant à la fenêtre. Terrifiée, je suis sortie de l'appartement en pantoufles. Un jeune couple était sur le trottoir. Me voyant en pantoufles, ils m'ont demandé où j'allais et m'ont conseillée de rentrer chez moi. J'ai eu le sentiment que Dieu le Père était venu me rendre visite et avait décidé de manifester Sa présence, alors pourquoi avoir si peur ? S'Il voulait venir habiter chez moi, c'était une bonne chose, non ?

Quand j'ai téléphoné à Natania et lui ai dit qu'à deux heures de l'après-midi j'avais eu très peur après cette expérience, elle m'a dit que tout le monde aurait eu peur qu'elle qu'ait été l'heure de l'après-midi !

Je suis heureuse d'habiter du côté nord de la rivière. La rivière le long de Chesterton Road est la première chose que j'ai vue lors de mon arrivée à Cambridge en août 1982. J'avais alors logé deux nuits au Ashley Hotel près du pub *The Old Spring* et on m'avait dit que pour les repas je devrais me rendre à leur hôtel associé voisin, Arundel House. Il se trouve en face de la rivière. Je me souviens d'être allée prendre une boisson au bar et de m'être sentie extrêmement seule. Une femme d'une soixantaine d'année avait alors traversé la pièce pour s'avancer vers moi et me dire : « *Vous semblez bien seule, venez vous joindre à nous !* ». Elle était australienne et ce geste d'amitié marqua mon arrivée à Cambridge.

Je peux me rendre au bord de la rivière en dix minutes en bus (et le no 1 est assez fréquent) ou en 30 minutes à pied.

28 septembre 2003

Hier soir j'ai décidé de fêter la Nouvelle année juive au Haven pour la première fois. Une amie et moi nous sommes assises à la table pliante, où nous avons dégusté du Palwin, un vin casher, et mangé des pommes et du miel, comme c'est la coutume pour que l'année nouvelle soit douce. Je suis en contact avec Benigna et Pam et elles vont venir me voir ici prochainement, mais c'est vraiment un nouveau commencement.

28 décembre 2003

J'ai reçu de nombreuses cartes de Noël et des vœux chaleureux de bonheur dans mon nouveau petit logement. Et je me suis fait une nouvelle amie. Je me suis bien intégrée à St Laurence's, mais l'autre semaine j'ai décidé d'aller à la messe dite en latin à 18h15 dans la grande église. Après, j'ai rencontré une vieille dame extraordinaire, Mme Sessions, qui possède un doctorat. Il est très difficile de deviner son âge et sa nationalité, mais elle me paraît issue d'Europe centrale, comme moi ! Elle a sympathisé avec moi et m'a invitée chez elle en bordure de la rivière. Elle m'a dit que sa mère était pianiste et que lorsqu'elle était enfant de nombreux musiciens célèbres étaient venus chez elle et y avaient même séjourné.

Hier, nous sommes allées au magnifique jardin de Grange Road et nous nous y sommes assises pour profiter du soleil hivernal. Quand je lui ai parlé des *Little Sisters of Joy* et lui ai dit que j'étais musicienne, elle s'est tournée vers moi et m'a dit : « *Il te faudrait chanter pour gagner ta soupe !* » J'avais *chanté pour la paix* avec Benigna, mais tout à coup j'ai réalisé que je pourrais reprendre mon chant accompagné à la guitare – il existe un vaste répertoire de musique des années 60, et cela me rappellerait ma jeunesse.

Je me suis mise à penser au Dr Landau, la gynécologue qui me fit venir au monde après tous les problèmes que ma mère avait eu au cours de sa grossesse. Et à son fils, Oliver Sachs, un psychologue américain juif bien connu. Bien qu'athée, il aurait dit que la musique, l'amour et la prière permettaient de vivre une vie intégrée ou pleinement équilibrée. Était-ce l'occasion pour moi de combiner ces trois éléments ?

22 février 2004

Hier soir mon rêve s'est réalisé quand j'ai donné mon premier *Concert pour la paix et la réconciliation*. Par l'aimable permission du Master et des Fellows, il s'est déroulé dans la magnifique chapelle de Clare College. Comme je répétais *Donna Donna*, un chant sur la liberté écrit pour le théâtre musical yiddish et traduit dans de nombreuses langues, une dame juive qui était arrivée de bonne heure m'a dit que cela faisait 40 ans qu'elle ne l'avait pas entendu ! Pour moi c'était bon signe. Ma vieille amie, Mme Gee est arrivée au moment où j'allais commencer et j'ai attendu qu'elle soit installée à sa place pour entamer le concert. Chose extraordinaire, il y avait environ quarante personnes ; j'avais fait ma publicité essentiellement par le bouche-à-oreille et le résultat était probant.

J'ai chanté, avec sentiment, un mélange de chansons des années 60, de chansons populaires et de morceaux de musique juive, dont certains chantés à la synagogue, et l'ensemble fut apparemment bien accueilli. Pour une raison quelconque, lorsque j'ai chanté *Donna Donna*, je me suis arrêtée à un moment, mais le public a continué tout seul ; c'est là que j'ai pris conscience que j'assistais à quelque chose de spécial. Je me donne le temps de réfléchir à tout cela.

Lorsque nous nous sommes rassemblés dans l'avant-corps magnifique de la chapelle à l'entracte, un monsieur âgé m'a dit que sa chanson préférée était *Erev shel shoshanim*, une chanson d'amour qui figure au répertoire des danseuses du ventre de tout le Moyen-Orient !

J'ai terminé le concert en chantant le *Psaume 133*, et à plusieurs voix avec le public. Le psaume dit : *hinay ma tov umah naim shevet achim gam yachad*. Voyez ! Qu'il est bon, qu'il est doux d'habiter en frères tous ensemble !

Mme Sessions n'a pas pu venir, mais je l'ai tenue dans mon cœur et lui ai en moi-même dédié le concert.

1er mars 2004

Il me semble opportun de planter un deuxième bouleau blanc. Cette fois, je veux le faire en secret. J'ai sollicité l'aide de mon assistant social, un type très sympathique qui m'a pris en charge après ma mini dépression nerveuse l'été dernier. Il s'est donné la peine de m'emmener à la pépinière de Fordham où Benigna et moi avions acheté le premier bouleau blanc, ce qui m'a donné un sentiment de continuité. Cet homme, qui est grand et fort, a creusé un trou et planté le jeune arbre dans le coin gauche de mon jardin, pendant que j'ai récité des prières adaptées. Il n'est pas croyant mais il a respecté ce que je faisais et je pense qu'il en a apprécié la signification.

4– 11 avril 2004, Semaine sainte

Je suis exténuée car j'ai coorganisé deux repas Seder cette semaine, dont le premier, pour 70 convives, avec le père Dick dans la salle paroissiale catholique. Tout au long de la soirée, lorsque j'ai chanté, je me suis sentie inspirée et remplie de la JOIE du hassidisme. Quand nous avons ouvert la porte pour accueillir Élie, qui annonce la venue du Messie, un homme, que je ne peux décrire que comme l'un des « *Bienheureux pauvres en esprit* », est entré… nous avons cru que le Messie était arrivé !

Lors du deuxième repas, organisé jeudi pour les baptistes de Great Shelford (ils étaient quatre-vingt), j'ai ouvert la cérémonie en disant : « *Ce soir, votre pasteur a deux épouses* » (la femme du révérend Beardsley était assise de l'autre côté de lui à la table d'honneur). Tout le monde a ri et cela a permis de bien démarrer la soirée.

J'ai été très touchée parce que les tables avaient été magnifiquement et minutieusement dressées. De plus, pour le *harosset*, qui rappelle les briques et le mortier utilisés par les Israélites en Égypte, ils avaient trouvé une recette, qui m'étais inconnue, issue de la tradition sépharade. Et ils se sont vraiment montrés à la hauteur, parce que les baptistes chantent bien ! J'ai chanté les psaumes du Hallel avec eux à la fin et nous avons tous été remplis d'une grande JOIE. La tradition veut que Jésus ait chanté ces psaumes avec ses disciples lors de son dernier repas avec eux mais, bien évidemment, Jésus n'a pas été mentionné et il leur fallait découvrir les liens d'une façon mystique.

Je savais que Rob avait accompagné sa congrégation tout au long du Carême et ce repas en marquait en quelque sorte le point culminant, je me suis donc sentie très honorée.

Lundi de Pâques 2004

J'ai mené une vie tellement mouvementée que j'ai disposé de peu de temps à consacrer à la réflexion en cette période sainte. Il m'est soudain venu à l'esprit que les rabbins ont un concept mystique appelé *Tikkun ha-Olam* (qui signifie « *réparation du monde* »). Se pourrait-il que lorsque le public a chanté lors du concert à Clare College, c'était en quelque sorte une prière s'élevant vers Dieu et ayant sur le monde un effet réparateur ? La musique était de surcroît sur le thème de la justice, de la droiture et de la liberté. Et, après tout, c'est saint Augustin qui aurait dit : « *Chanter, c'est prier deux fois.* »

8 mai 2004

Je pars pour la troisième fois en Pologne. J'appréhendais un peu à l'avance, mais une fois dans l'avion j'ai eu l'impression de rentrer chez moi. C'était quatre jours seulement après l'adhésion de la Pologne à l'U.E. et les Polonais se réjouissaient de se rapprocher de l'Ouest. Ne vous rapprochez pas trop, j'ai pensé, sinon vous risquez de perdre la beauté de l'Est.

J'ai été accueillie si chaleureusement par le père Vladimir et les jeunes séminaristes que j'en ai pleuré. Tout est vert et le soleil sort entre les orages, de ceux qui font « boum, boum » et qui semblent propres à Cracovie. J'arrive à me faire comprendre avec mes rudiments de polonais et on m'emmène à toute une succession de manifestations religieuses ! J'ai parlé à quelques étudiants sur la grande place et prié dans une toute petite église où des femmes récitaient leurs dévotions du mois de mai.

9 mai 2004

Vlad et moi avons pris le petit déjeuner ensemble et seuls. Je lui ai donc parlé du chemin que j'avais parcouru, du Cardinal Lustiger, de Peter mon évêque et de mon projet en général. Il m'a écouté attentivement puis m'a dit qu'il allait m'emmener voir son Papa, qui est un ami cher.

Une fois dans le petit appartement de son père, Vlad s'est détendu, il a enlevé ses chaussures et nous avons chanté un peu. Cela m'a rappelé la fois, lors d'une de mes visites précédentes, où il m'avait emmenée dans les montagnes et chanté tout du long en voiture, par cœur, des chants tirés d'*Un violon sur le toit*. Si je me souviens bien, c'était un vendredi en soirée et le Sabbat approchait à grands pas. En voiture, je ne cessais de penser combien il me rappelait mon frère Ronnie, avec sa personnalité joviale et nos liens fraternels.

Papa a ouvert la porte de son balcon pour aérer un peu et, en sortant, nous avons aperçu une pie sur la pelouse. Papa et moi avons tenu une merveilleuse conversation en allemand et c'était comme si on avait remonté le temps.

Carte no 1 Les voyages de Gila

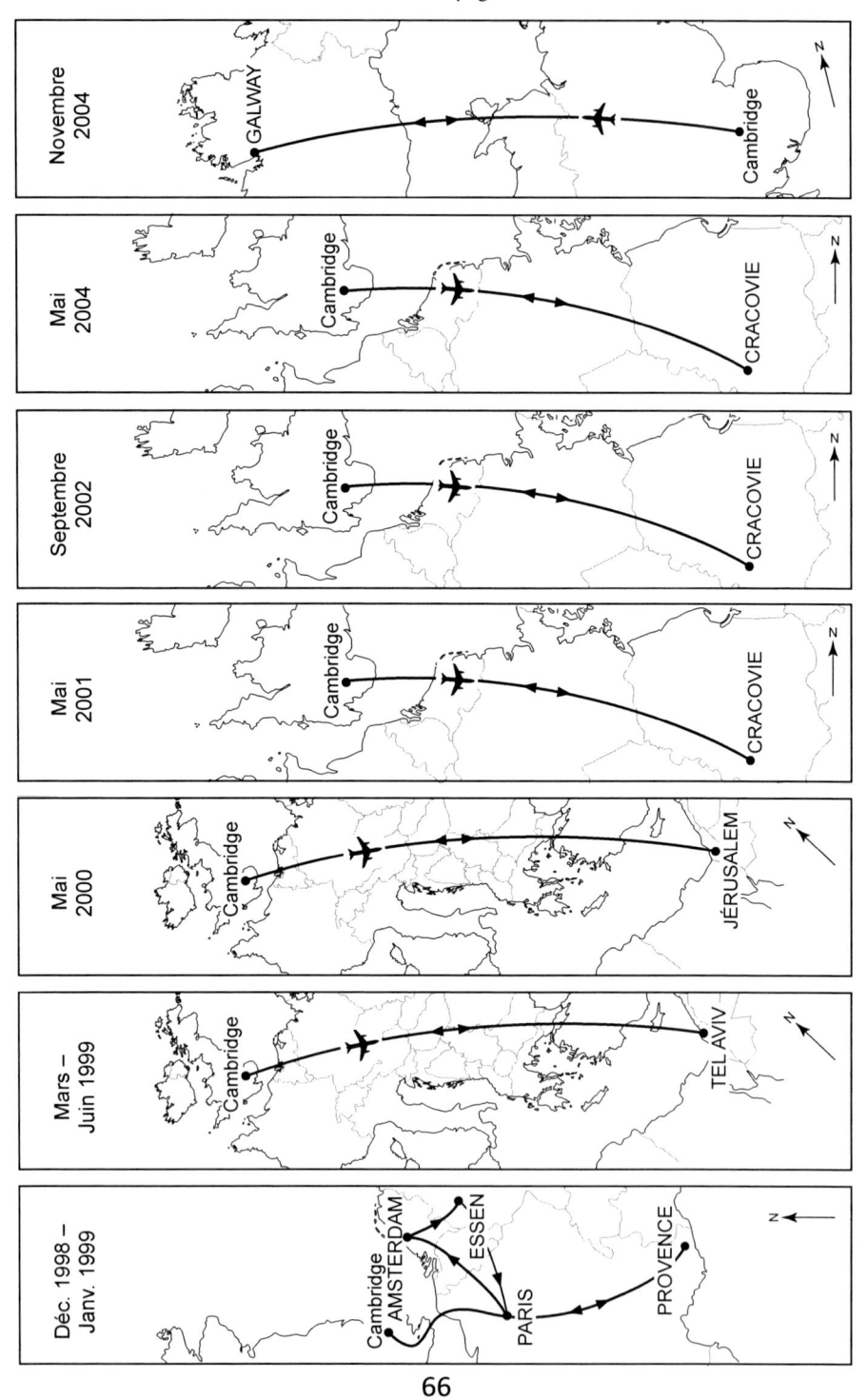

10 mai 2004

L'Université Jagellonne de Cracovie est superbe avec ses magnifiques cours et son ambiance de grande érudition. J'ai découvert qu'il y avait un musée Copernic dans la Vieille cour. J'ai eu un peu de mal à avoir un billet, mais j'y suis arrivée et j'ai fait la visite avec trois Russes, un Polonais et deux Allemands. Les compétences linguistiques de Daisy, notre guide bulgare, ont été mises à rude épreuve, mais malgré tout elle s'en est très bien tirée.

Nous avons vu de nombreux trésors (dont certains avaient « disparus » durant la guerre, nous a dit Daisy) et dans une vitrine un magnifique ostensoir utilisé pour l'Adoration du Saint Sacrement. Daisy nous a expliqué qu'il y avait une longue tradition de professeurs célibataires qui étaient très pieux et qui alliaient la recherche et la prière. Ils s'entretenaient aussi longuement sur le sens de la vie.

Lorsque nous sommes arrivés dans les salles qu'avaient traversé Goethe et Schiller, je me suis agenouillée (au grand amusement des touristes qui m'accompagnaient) en geste d'action de grâce : ils avaient été mes héros lorsque j'étudiais l'allemand à l'université de Glasgow dans les années 60, celles de ma folle jeunesse.

Dans la dernière pièce, l'*aule*, la Grande salle, j'ai prié près de la fenêtre là où on enseignait jadis la théologie. Vous pouvez toucher la pierre d'un doigt, a dit Daisy. Le Polonais m'a alors dit : « *Ne pensez-vous pas que Cracovie est la plus belle ville du monde ?* » « *Oui*, ai-je répondu, *avec Jérusalem, elles sont liées ensemble dans mon cœur.* » Et le Polonais était ravi. Un autre homme m'a souhaité *shalom aleychem* et Daisy a chanté une belle chanson serbe.

11 mai 2004

Ce matin, après le petit déjeuner, j'ai eu une indigestion. Je pense qu'elle est due à toutes les émotions de ces derniers jours. Tout est très intense quand je suis en Pologne. J'ai réussi à acheter des médicaments à la pharmacie du coin (la dame parlait bien l'anglais), puis je suis allée tranquillement à la poste. Ça faisait du bien de se trouver dans un lieu ordinaire entourée de gens ordinaires. Ils avaient tous un peu l'air abattu, comme dans tous les bureaux de poste, mais il y avait un employé plein d'entrain, qui a apprécié mon sens de l'humour, et un homme qui avait « entendu *Pani* parler polonais » et qui m'a prêté un groschen.

Nous avons dû attendre dans le couloir parce qu'il pleuvait à torrents et il tonnait. J'ai bavardé avec un charmant couple âgé de Cracovie – l'homme était un chef d'orchestre retraité. Sa femme m'a demandé si nous avions des orages à Cambridge et m'a souhaité bonne santé. L'homme et la femme se regardaient avec tant d'amour que j'en ai été très émue.

Je suis rentrée au séminaire et me suis recouchée. L'orage a recommencé. Je me suis soudain sentie très protégée dans mon lit douillet, comme une enfant, alors que le tonnerre grondait et il y avait des éclairs de partout. Je me suis dit que c'était ce qu'Ania avait dû ressentir dans son enfance. J'ai bien dormi.

12 mai 2004

Les séminaristes s'étaient plaints à moi que leur programme était trop chargé et qu'ils n'avaient que peu de temps de récréation durant leur longue journée. Je leur avais dit que j'en parlerais à Vladimir, même si je n'y pouvais probablement pas grand-chose. J'ai été surprise que Vlad m'invite à donner un concert hier soir pour quelques séminaristes. Il y avait une guitare que je pouvais emprunter. Il pensait que ce serait bien si le concert se déroulait dans la salle à l'étage. Un des prêtres avait trouvé un rouleau de la Torah dans un grenier abandonné à Cracovie des années auparavant et l'avait ramené au séminaire, où il était fièrement exposé dans une vitrine dans cette pièce. La vue de la fenêtre, le soir, était magnifique avec les arbres qui s'agitaient doucement.

J'ai chanté à Vlad, un de ses collègues et une quinzaine de séminaristes, de nombreuses chansons hébraïques et anglaises, dont ma sélection de chansons d'amour. Ils ont particulièrement aimé *Donna Donna*. Les séminaristes ont interprété avec vigueur le *Psaume 23* en polonais. Vlad a pris la guitare et chanté une ballade russe. Toute la soirée il m'a paru détendu et rempli de JOIE et il était évident que tout le monde avait passé un bon moment.

Quelque chose m'a incité à jouer *Vetaher Libenu*, un chant entraînant sur la consécration au service de Dieu : Vladimir levait les bras en l'air comme dans une danse hassidique et avec le rouleau de la Torah, les soutanes noires et le *Simcha*, la JOIE, on se serait cru au temps du Baal Shem Tov (fondateur du hassidisme, mouvement polonais du XVIIe siècle, axé sur la JOIE, et dont les adeptes priaient en plein air dans la nature).

17 juin 2004

Bibliothèque de l'université, Cambridge

Je suis assise au troisième étage dans l'aile sud, où j'ai découvert il y a deux jours dans les piles de livres tous les livres de théologie dont je pourrais avoir besoin pour le restant de ma vie... et au-delà. J'étais si ravie que je me suis agenouillée en reconnaissance et j'ai remercié Dieu. J'ai soudain ressenti le besoin d'en faire part à quelqu'un et, à ce moment précis, un homme d'une cinquantaine d'années à l'air sympathique se trouvait de passer. Quand je lui ai dit, il s'est exclamé : « *Alléluia, loué soit le Seigneur, ma chère dame ! Je suis pasteur baptiste !* » Il était en fait australien et portait le prénom peu commun de Horton ; son église est à Teversham. Mon projet l'intéresse et il souhaite recevoir mon bulletin.

Plus tard ...

Il est presque 18h maintenant et je suis toujours ici. Je récitais la prière du soir lorsque le son de voix fortes qui chantaient m'est parvenu par la fenêtre ouverte ; la seule chose que je pouvais discerner c'est qu'il devait s'agir d'un Oratorio très joyeux avec de nombreux alléluias ! Comment aurais-je pu savoir il y a tant d'années que Dieu me préparait un chemin dépassant mes rêves les plus fous ?

10 juillet 2004

Je viens de terminer un autre cours résidentiel à Maryvale. Cachée derrière la chapelle principale, en haut de quelques marches très étroites, se trouve la plus ancienne chapelle du Sacré-Cœur d'Angleterre. Peu de gens savent qu'elle est là. De temps en temps je retrouve Andrea, une religieuse de Glasgow et une amie proche, dans cette très petite chapelle parce que c'est l'endroit le plus calme où nous rencontrer. Une nuit que je ne pouvais pas dormir, je suis allée à la chapelle principale. Là se trouvait Andrea, presque dans l'obscurité et plongée dans une prière profonde. J'étais au balcon et ne voulais pas la déranger ; je suis donc sortie sur la pointe des pieds et suis allée me coucher.

29 août 2004

Mon amie Kitty m'a téléphoné pour me demander d'aller rendre visite à Elena Sumbatoff. Cette dame, maintenant clouée au lit, a un passé fascinant. Elle est russe, bien que née en Italie. Elle a contracté la polio à l'âge de neuf ans, n'a pas été soignée correctement et a dû rester allongée pendant de nombreuses années. Un prêtre russe a fait le nécessaire pour qu'elle soit admise à l'hôpital de Stoke Mandeville, où elle a fait une rééducation qui lui a permis de s'asseoir dans un fauteuil roulant. Passionnée de danse classique, elle a pu de son fauteuil diriger des danseurs, démontrant avec ses mains les mouvements qu'ils devaient faire. Elle adorait également le chant folk. Elle a donné des cours de danse classique aux enfants à Livourne et, une fois installée à Cambridge, elle a eu la visite du grand Noureev.

J'y suis allée ce matin. Elle m'a accueilli chaleureusement depuis son lit, sur lequel se trouvaient quatre chats majestueux, tous d'une couleur différente. On aurait dit qu'ils la gardaient. Nous avons bien bavardé et je lui ai parlé de mes origines russes ; elle a été vivement intéressée. Je lui ai demandé si elle aimerait que je revienne la semaine prochaine avec ma guitare et elle s'est montrée très enthousiaste.

8 septembre 2004

The Haven

Le père Robert a dit la messe ici ce soir, fête de la nativité de la Vierge Marie. Nous étions environ sept, dont sœur Jenny. Il faisait une chaleur de canicule et nous avons donc ouvert la porte de derrière. Robert avait l'air plutôt grave. Juste au moment de la Communion, le chat, Mickey, comme si on lui avait donné le signal, est venu du jardin pour manger ! Jenny et moi avons eu du mal à nous retenir de rire mais, tout bien considéré, c'était une belle cérémonie.

9 septembre 2004

Je viens de rendre à nouveau visite à Elena. J'ai emmené ma guitare et elle a beaucoup aimé la musique juive. Il s'est passé quelque chose de curieux au moment où j'allais partir. Je lui avais expliqué que je ne reviendrais pas la semaine suivante parce que c'était le Nouvel an juif. Comme je sortais de chez elle, elle m'a crié : « *Quand as-tu dit que c'était la tête de l'année, Gila* ? » Je n'avais pas utilisé le terme hébreu, Roch Hachana, qui veut dire littéralement « *tête de l'année* », donc soit elle le connaissait, soit il est sorti tout droit de son subconscient.

21 septembre 2004

Je ne suis jamais retournée voir Elena. Elle est morte ce matin et je suis sûre qu'elle est maintenant parmi les anges.

18 novembre 2004

Sœur Benedict m'a invitée à retourner à Kylemore juste au bon moment (j'ai soumis mes écrits à l'évêque il y a quelque temps) et j'en reviens après une semaine sensationnelle. J'ai pris l'avion pour Dublin puis Galway et il a fallu une heure en bus pour rejoindre le fond du Connemara de la ville de Galway. Je suis finalement arrivée à huit heures du soir avec mon gros sac à dos. Sœur Benedict m'attendait à l'arrêt du bus et nous sommes allées en voiture à l'Abbaye. Elle s'est excusée du fait que ma chambre était tout en haut et m'a demandé si cela m'ennuyait.

En montant, je me suis consolée en me disant que le long voyage, etc. en vaudrait bien la peine, et que je trouverais certainement quelque chose de bien quand j'arriverais. Et, effectivement, ma chambre était pleine de fleurs et de fruits et je me sentais déjà tout à fait à l'aise. J'ai dormi du sommeil du juste et le matin, à mon réveil, j'ai constaté que la lumière inondait ma chambre et que j'étais entourée de montagnes !

Dans la salle à manger, j'ai fait la connaissance d'un prêtre très sympathique de Letterfrack, un village voisin. Sœur Benedict venait me voir de temps à autre pour s'assurer que tout allait bien, mais les temps forts de mon séjour ont été les moments que j'ai réussi à passer avec elle, qui partage sa vie bien remplie entre la prière et l'exploitation de la petite ferme.

Tous les soirs, chaussée de vieilles bottes empruntées, j'allais donner à manger aux poules et je discutais avec sœur Benedict alors qu'elle vaquait à ses occupations dans la cuisine de la vieille ferme, ce que j'ai beaucoup aimé. Je prenais le thé avec elle un jour quand je me suis surprise à taper des mains sur la vieille table usagée et à crier : « *C'est ça, Benedict, c'est ça la vraie vie monastique… je le sens bien !* »

Sœur Benedict était particulièrement fière du jardin victorien que l'on avait laissé tomber à l'abandon – les sœurs étaient en train de ramener progressivement à sa splendeur d'antan : pas une mince affaire ! J'ai pris plaisir à observer Benedict lorsqu'elle s'adressait aux bénévoles et le sourire particulier qu'elle réservait aux jeunes hommes !

Mère Magdalena, la Supérieure, m'a autorisée à parler à certaines des sœurs dans leur parloir privé et elles m'ont paru très intéressées par les *Little Sisters of Joy*. Je lui avais demandé si elle pourrait me faire l'honneur de lire un exemplaire de la Règle et des Constitutions que j'avais amené, et quand elle a eu fini elle m'a dit : « *C'est un document très important – il a un commencement, un milieu et une fin.* »

26 novembre 2004, 20h00

Je suis allée de bonne heure à la bibliothèque de l'université ce matin, avec l'intention d'y passer aussi l'après-midi, mais quelque chose m'a poussée à rentrer tôt chez moi. Je me souviens l'avoir dit au réceptionniste à l'accueil. Lorsque je suis arrivée chez moi, vers quinze heures, j'ai trouvé deux lettres sur le paillasson. L'une était de l'aimable prêtre que j'avais rencontré à Kylemore et l'autre de l'évêque. J'ai décidé d'ouvrir la lettre du prêtre en premier. C'était une lettre intéressante ; il me disait combien il avait été heureux de faire ma connaissance et il avait joint le sermon qu'il avait préparé pour le dimanche suivant, me demandant s'il me plaisait. C'était tout à fait extraordinaire. Il revenait sans cesse sur le même point. Jésus était rejeté, Jésus était méprisé, Jésus était insulté, Jésus était abandonné, etc., etc. Je l'ai lu attentivement puis j'ai regardé l'autre lettre.

Elle était de l'évêque, et c'était un refus – un peu étrange d'ailleurs. On y trouvait des observations très positives : l'évêque me disait de poursuivre mon action pour la Paix et la Réconciliation, mais en même temps il estimait que je n'avais pas « assez souffert » pour fonder une communauté religieuse, bien qu'il sache, précisait-il, que de nombreux prêtres et religieuses appuyaient mes efforts. Il me faisait comprendre qu'un tel projet ne serait pas bienvenu dans son diocèse.

Naturellement, j'étais accablée et j'ai téléphoné chez Benigna dans l'espoir de parler à David, qui s'y rendait de temps en temps pour lui jouer du piano. Et alors, miracle, c'est David qui a répondu au téléphone ! « *Ce n'est même pas un contretemps*, a-t-il dit, *c'est une opportunité. Celle de sonder la dimension œcuménique de la communauté.* »

Tout à coup, j'ai eu le sentiment que cela changeait complètement la donne.

27 novembre 2004

Clare et moi nous étions organisé pour aujourd'hui une journée de retraite au prieuré de Clare et il était tout à fait opportun d'avoir choisi le thème « *Faites tout ce qu'il vous dira* » des noces de Cana. C'est le premier miracle de Jésus, qui changea alors l'eau en vin. Cela montre également la relation spéciale qui existait entre la Mère et son Fils.

J'avais amené ma guitare et nous avons chanté et prié, et j'ai été en mesure de prendre un peu de recul par rapport aux événements de la veille.

1er décembre 2004

Last night I had the strangest dream **(La nuit dernière j'ai rêvé le plus étranges des rêves) (Ed McCurdy)**

La Vision

Au petit matin, je me suis réveillée emparée, pour quelque raison, du désir de tenir à la main un morceau de musique. Encore un peu endormie, je me suis rendue dans le salon et ma main est tombée sur un livre intitulé *The Canadian Book of Catholic Worship*. Je me souviens vaguement de l'avoir acheté dans une boutique de bienfaisance. Je l'ai pris et suis retournée me coucher. J'ai alors passé les heures suivantes à lire et à pleurer. Il renfermait tous mes chants et cantiques préférés du monde entier. Certains étaient nouveaux et composés, par exemple, pour les *Petites Sœurs de Jésus* ; il y en avait un de Wroclaw (Breslau), la ville natale d'Edith Stein, et de nombreux autres encore. Tous les moments marquants de ma vie m'étaient présentés.

À travers des photos, des images et des symboles sans légende, je sentais que ma vie convergeait vers un seul et même point :

Toronto. Après cette lutte avec le Divin toute la nuit durant, en mon for intérieur j'ai accepté son Appel.

J'ai ensuite dormi quelques heures d'un sommeil agité. Quand je me suis réveillée le matin, il était environ huit heures. Je suis allée dans le salon et j'ai vu qu'il avait gelé pour la première fois cette année.

11 décembre 2004

Mon 53e anniversaire

Les choses commencent à s'arranger. J'ai l'impression de traverser une période privilégiée de grâce, un peu comme quand j'ai rédigé la Règle de vie. Je ressens fortement la présence de la Vierge Marie en ce temps de l'Avent et la jeune femme qui gère le Michaelhouse Centre dans Trinity Street a le sentiment que Marie accouche de quelque chose en moi. Il me semble que je dois m'appuyer sur l'Association des amis des *Little Sisters of Joy* comme point de départ pour la création de quelque chose de plus vaste : une Fondation pour la paix et la réconciliation qui soit véritablement œcuménique et tende la main à l'ensemble du « *monde habité connu* ».

J'ai rédigé une Déclaration de fondation, que je montrerai à certains amis proches pour approbation. Elle se présente ainsi :

Notre mission

a) Établir des relations de paix entre tous les hommes et les femmes, car notre humanité commune est le don le plus précieux qui nous a été fait.

b) Établir des relations de paix entre les juifs et les chrétiens, car c'est de la même Souche que nous sommes issus.

Écoute, Israël : l'Éternel est notre Dieu ; l'Éternel est unique. (Deutéronome 6:4)

c) Établir des relations de paix entre les chrétiens de toutes confessions, formes et nuances, tous appartenant à un même corps, celui du Christ.

d) Établir des relations de paix entre toutes les religions, car nous avons tous un seul et même Maître.

J'ai adopté un nouveau verset de la Bible, qui regroupe tous nos objectifs :

Un fruit de justice est semé dans la paix par ceux qui produisent la paix. (Épître de saint Jacques 3:18)

14 décembre 2004

Hier soir j'ai vécu une très belle expérience. Le Michaelhouse Centre m'a demandé d'ouvrir une exposition de linogravures par des chants. L'exposition s'intitulait *Images of Hope* (Images d'espoir). Il y a bien des années, une enseignante juive, qui avait ensemble dans sa classe des enfants arabes et juifs, leur a demandé d'illustrer leurs impressions du conflit israélo-arabe. Ces linogravures extraordinaires en sont le résultat.

J'ai chanté des chants de paix en hébreu et en anglais et je crois que ma contribution a été appréciée. Il y a 800 ans, ce centre était une église ; elle a été récemment remise à neuf et aménagée, en partie, en café. Hier soir, les gens m'ont écouté chanter assis aux tables et cela m'a rappelé la fin de mon adolescence.

L'ancien chœur existe encore, tout comme la chapelle médiévale adjacente, qui est baignée de lumière et d'où l'on entend les bruits de King's Parade. Ce serait un privilège de chanter un jour dans le chœur.

19 décembre 2004

Je viens de recevoir un courrier d'un ami prêtre de Cambridge auquel j'avais écrit à la suite de la lettre de l'évêque. Il se dit désolé de l'angoisse que j'ai éprouvée et observe à la fin de sa lettre qu'il pense toujours que mon « *inspiration est fondamentalement solide* ».

26 décembre 2004

Après ce que j'avais vécu au milieu de la nuit, je commençais à me demander si Dieu voulait que je m'installe à Toronto avec un groupe de chrétiennes différentes pour y fonder une communauté. John, mon ami philosophe, et sa femme, m'avaient invitée à dîner aujourd'hui. Tout à coup ils se sont mis à parler de Toronto, où il avait travaillé, et du fait que leur fille y était née. J'ai sauté de ma chaise et me suis mise à faire plusieurs fois le tour de la table (une de mes habitudes dans les moments importants) et je leur ai alors raconté tout ce que j'avais vécu à Toronto.

John a offert de contacter un prêtre de Toronto qu'il connaissait pour voir si je pourrais prendre contact avec lui lors d'un prochain voyage outre-Atlantique — et peut-être obtenir de l'aide. Ils m'ont déposée à Crowland Way, près du petit sentier qui traverse l'aire de jeux. Il faisait déjà nuit. Pour la deuxième fois j'ai vu la lune entourée de sa couronne, comme je l'avais vue environ à la même période à Pomeyrol en 1998. Là encore, j'y ai vu un signe, une sorte d'affirmation que je suis sur la bonne voie. C'est le jour de la Saint-Étienne.

30 décembre 2004

Andrew Brown, le pasteur unitarien, est venu ce matin au Haven et a approuvé la Déclaration de fondation, laquelle, m'a-t-il dit, a une *quille catholique*. J'aime cette image parce qu'elle me fait penser à un navire avançant en sécurité vers notre destin commun, comme l'Église universelle qui est la source de toute cette inspiration. Et j'ai tout mis sous le patronage de la Vierge Marie, en raison de cette période de grâce spéciale.

Plus tard dans la journée, j'ai traversé la rivière pour me rendre chez Irene Elia, ma très chère amie et sympathisante. Nous nous connaissons depuis longtemps, depuis le temps où je célébrais des offices à la synagogue réformée (vers 1986), y ayant partagé de nombreux repas, en particulier lors de fêtes juives.

Irene est anthropologue et psychothérapeute et son mari est professeur en nutrition et métabolisme à l'université de Southampton. Dans leur salon à l'étage, j'ai leur ai lu la Déclaration de fondation et ils ont donné leur approbation. Je me suis sentie à la fois humble et très fière. Quelle merveilleuse façon de terminer l'année et d'entamer la nouvelle !

10 février 2005

Il fait un temps très hivernal avec de la neige par endroits. Je n'aurais pas dû être déçue, en fait, que peu de gens soient venus à mon concert à la chapelle de Pembroke College hier soir. Une amie a très sympathiquement accompagné les personnes à leur place et distribué les programmes. Je crois que j'ai assez bien chanté, mais en réalité le vrai concert avait eu lieu la veille.

En effet, je m'exerçais dans la chapelle de Wren, qui est d'une beauté stupéfiante, quand la femme de ménage est entrée, s'inquiétant qu'elle allait me déranger. J'ai insisté pour qu'elle s'assoie et écoute la musique. Je n'ai jamais mieux chanté (elle savait écouter) et elle a beaucoup apprécié.

25 février 2005

Hélène est venue prendre le thé au Haven. Nous nous sommes rencontrées à Fisher House, l'aumônerie étudiante catholique. Je l'ai aperçue dans la salle à manger à l'étage après la messe. Pour une raison quelconque, elle m'a paru être une âme sœur. Elle étudie une matière appelée néo-latin, ce qui paraît un peu bizarre, mais ça lui plaît. Elle est française et vient d'une banlieue parisienne. Elle est pratiquante et a un talent particulier : elle sert la messe et aide le prêtre. Ce sera bien si mon projet de célébrer la messe à Hadstock, où est entreposé maintenant l'autel provenant de mon ancienne maison, aboutit.

J'aime beaucoup Hélène ; elle est calme et douce et j'aime également ses parents – j'ai fait leur connaissance la semaine dernière quand ils sont venus la voir. Nous sommes allés en voiture à Grantchester où nous avons pris le thé accompagné de gâteaux aux Orchard Tea Rooms. Sa mère parle bien l'anglais, contrairement à son père, et l'on se sent à l'aise avec eux. Nous avons pris de belles photos au bord de la rivière.

Hélène a connaissance de mon projet. Je pense qu'il est peu probable qu'elle devienne religieuse mais, pour le moment, elle chemine à mes côtés. D'autres compagnes l'ont précédées – Pam, Paula, Clare, pour n'en citer que quelques-unes – et d'autres lui succéderont probablement, à moins qu'il ne s'avère que ce n'est pas ce que Dieu souhaite.

1er mars 2005

Le père Billy est mort le 20 février. Son cœur a finalement lâché – il dépassait toujours ses limites en retournant en Irlande où il participait à de nombreuses soirées de danse et de musique folklorique ! Je n'ai pas pu aller à ses obsèques mais elles ont eu lieu au prieuré de Clare, où il vivait et était très aimé. Une bonne foule y a assisté, paraît-il.

J'ai revu sœur Eileen, qui entretient des liens étroits avec le prieuré et habite tout près. Quand je lui ai dit que j'avais déménagé de l'autre côté de la rivière à Cambridge, elle s'est exclamée : « *Avez-vous ouvert une autre maison ?* »

27 mars 2005

Hier soir à 21h, Hélène et moi sommes allées à la Veillée pascale à la grande église catholique. La célébration a été joyeuse et pleine d'humour aussi : la manière dont le voile qui recouvrait les grandes statues a été enfin retiré était du pur MGM.

Après, Hélène m'a raccompagnée à mon arrêt de bus à Hills Road, où nous avons attendu et bavardé très longtemps. Elle a fini par me dire qu'à son avis aucun bus ne viendrait – elle avait de la place chez elle, alors est-ce que je voulais venir y passer la nuit ? J'ai répondu que j'hésitais à laisser mon chat, mais j'ai accepté et nous avons rejoint à pied St Barnabas Road, où elle avait un logement pour étudiant plutôt sympa. Elle a dormi sur le canapé et insisté pour que je prenne son lit ; il était très tard et j'ai dormi d'un sommeil plutôt agité. Vers 7 heures du matin, je l'ai interpellée ainsi : « *Es-tu en vie ?* »

Nous avons pris un petit déjeuner très simple, l'amour de Dieu se répandant de l'une à l'autre, et nous aurions pu être les disciples de Jésus, assises sur la rive alors qu'Il nous faisait cuire du poisson les jours après sa résurrection. « *Je savais que j'allais faire Pâques avec quelqu'un*, m'a dit Hélène, *mais je ne savais pas que ce serait toi.* »

Je suis rentrée à mon appartement vers dix heures. Lorsque j'ai ouvert la porte, le chat m'attendait et m'a regardé droit dans les yeux comme s'il souriait. Son pelage reluisait de couleurs rouges et or brunies qui étaient pour moi celles de la Résurrection.

31 mai 2005

Fête de la visitation (visite de Marie à sa cousine Élisabeth)

L'évêque de Brentwood nous a donné l'autorisation de célébrer une messe dans la grange (du XVIIe siècle) de Hadstock Hall à Hadstock, résidence de ma chère amie juive, Laura. C'est là que se trouve actuellement l'autel, que j'avais fait emmener là-bas quand je suis partie de Newton Road. Hadstock se situe juste en dehors de la limite du diocèse d'East Anglia. C'est un lieu intéressant, où saint Botolphe, le saint patron actuel des voyageurs, a également laissé son empreinte. Derrière l'endroit dans la grange où l'autel a été placé, se trouve le mur de l'ancienne église paroissiale.

Le père Anthony, qui m'a reçue dans l'église en 1989, a aimablement accepté de dire une messe pour la paix en cette belle fête. Laura et Benigna étaient les deux invitées d'honneur. J'ai chanté, Clare a lu et Hélène a servi la messe aux côtés d'Anthony à l'autel. Hélène, rassurée que tout était fait dans les règles, a servi la messe avec son calme habituel. Clare a merveilleusement bien lu et Anthony a fait un splendide sermon sur le thème de la paix. Laura a préparé un goûter délicieux que nous avons pris sur la pelouse, après quoi nous avons tous bavardé joyeusement.

10 juin 2005

Je suis vraiment ravie parce que Margaret Parry, dont j'ai fait la connaissance en 2003 à l'église St Philip Howard, a accepté de donner la première conférence de la Fondation sur le thème de la Paix et la Réconciliation. Et qui de mieux placé qu'elle comme conférencière ! Aujourd'hui retraitée, Margaret a été professeur à Impington Village College, entre autres, et elle est parfaitement qualifiée pour parler de la « *La Paix et la Réconciliation du point de vue biblique* ». J'ai choisi pour cette conférence un lieu fort sympathique et, en conséquence, il s'est passé aujourd'hui quelque chose de poignant.

J'avais pris un rendez-vous avec l'économe de Darwin College pour voir si je pouvais louer l'ancienne bibliothèque. Il avait un peu de retard et m'a demandé de m'installer dans la salle de lecture pour l'attendre. Pour une raison quelconque, depuis la messe il y a dix jours, je me sens sous pression au fil de l'évolution du Projet, et j'ai éprouvé un véritable sentiment de paix dans cette belle pièce, qui donne sur le jardin et la rivière.

Deux hommes, l'un d'une cinquantaine d'années et l'autre plus vieux, sont entrés et se sont mis à lire leur journal, qu'ils tenaient d'une manière qui m'empêchait de voir leur visage. Tout à coup je me suis mise à pleurer de façon incontrôlable. Le plus âgé des deux hommes a posé son journal et, inquiet, m'a demandé ce qui m'arrivait. Je lui ai répondu en sanglotant que j'œuvrais pour la paix et la réconciliation, ce qui était très stressant, et que si seulement je pouvais de temps à autre venir m'asseoir ici j'y trouverais grand réconfort.

L'homme m'a dit qu'il était l'un des membres fondateurs du College et que je pouvais venir m'asseoir dans cette pièce quand je le voulais. Il s'est levé pour partir. J'étais si frappée par sa générosité que je me suis levée moi aussi et lui ai demandé son nom. « *Je suis M. Joffe* », dit-il. « *Êtes-vous juif ?* », lui ai-je demandé. « *Oui, je suis né à Jérusalem* », a-t-il répondu, et la conversation s'est terminée sur une note sympathique.

Carte no 2 Les voyages de Gila

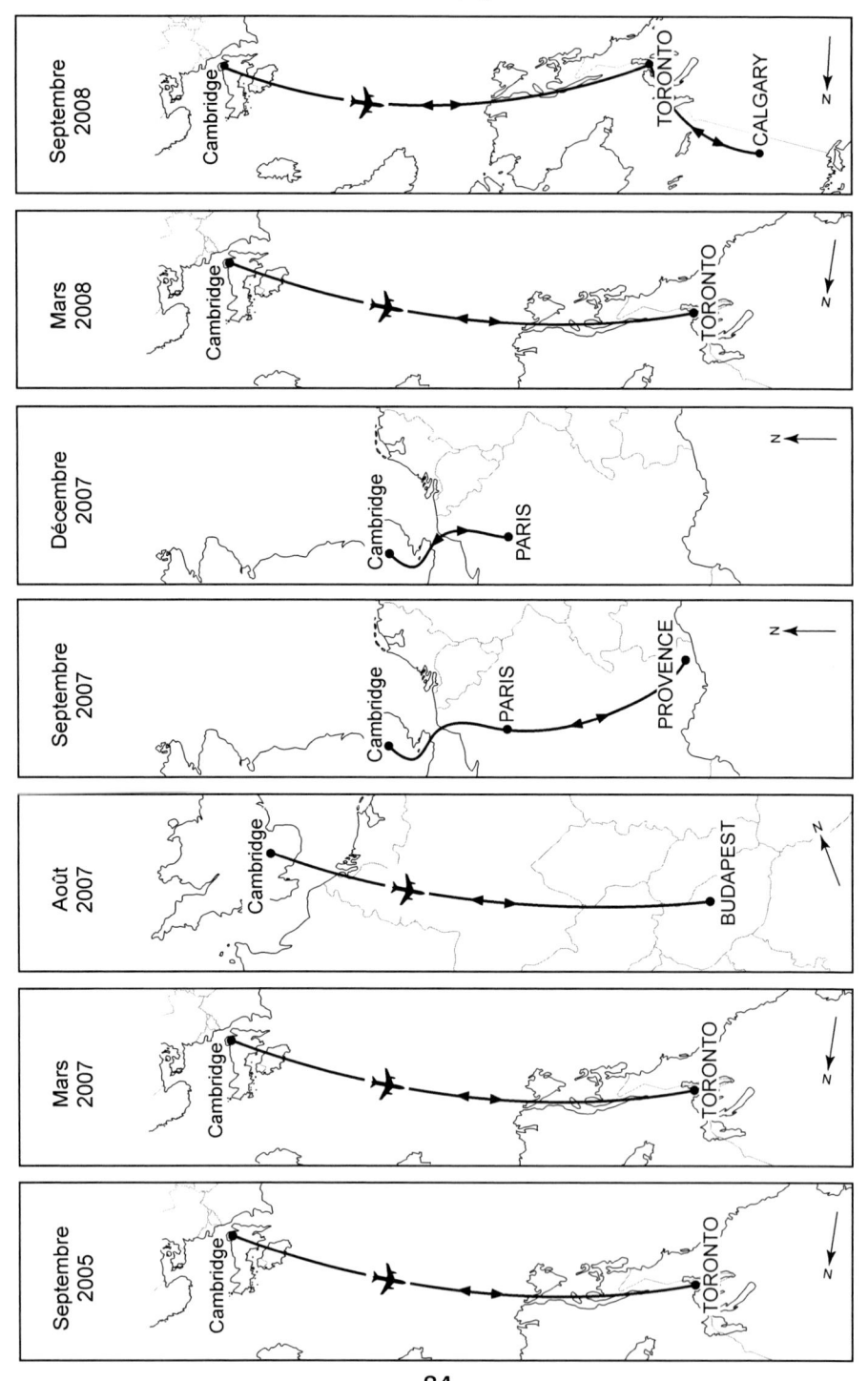

84

1er juillet 2005

C'est une grande grâce que d'entendre quarante femmes d'âge mûr, de différentes traditions chrétiennes, chanter *Blowing in the Wind* aux accents de ma guitare ! Nous étions rassemblées dans la magnifique chapelle de Westminster College, au bout des « Backs » (route qui passe à l'arrière des Colleges à Cambridge), et j'ai pu partager avec elles mes réflexions sur la paix. J'ai lu Isaïe 2:2–4 sur la paix universelle et la montagne de l'Éternel, qui a une signification profonde pour les *Little Sisters of Joy*. Le passage où il est dit qu'ils forgeront leurs épées en socs de charrues me fait penser à Élie au mont Carmel.

Elie semble occuper une place prépondérante dans la partie cachée de ma vie en ce moment. De nombreuses choses d'importance capitale se sont passées. Je perçois mon expérience mystique et l'appel à me rendre au Canada dans le cadre d'un appel plus large, un appel qui remonte de toute évidence à avant ma naissance mais, plus concrètement, à mon baptême en 1989 et, plus encore, à ma Confirmation le même soir. L'Église nous enseigne qu'une mission nous est confiée lors de notre confirmation. Elle est restée latente les dix premières années, mais elle semble maintenant se concrétiser.

28 septembre 2005

Je viens d'accomplir mon premier voyage à Toronto depuis 1988 ! Quelle merveilleuse expérience ! Je suis tombée complètement amoureuse des gens, de la ville, des espaces verts et des bibliothèques.

John, mon ami de longue date, m'a dit que son ami allait me prêter un appartement à l'intersection de Bloor et de Keele, à l'extrémité ouest de la ville. Mais les premiers jours, je devrais loger à Dufferin (où un grand nombre des nouveaux immigrants s'installent) dans le gîte d'une maison de retraite plutôt chic. Cela m'a donné l'occasion de visiter ce quartier ethnique et, le dimanche à la messe, j'ai découvert un grand nombre de Portugais et une excellente boulangerie. Et aussi la bibliothèque du quartier, où la bibliothécaire est juive et très aimable.

Une fois installée dans le petit appartement au sous-sol, je me suis sentie vraiment heureuse. Il était douillet, comprenant une chambre, une salle de séjour et une cuisine ouverte. Le quartier était verdoyant et j'ai eu tôt fait de découvrir une église catholique en bas de la pente qu'il me fallait gravir à la sortie du métro. C'est l'église Sainte-Jeanne-d'Arc et il s'y trouve un prêtre charmant qui vient de New York. Après la messe, je suis allée à la sacristie pour le rencontrer et il a admiré mon couvre-chef ! C'était une casquette de baseball qu'un aimable sans-abri m'avait donnée à la sortie de l'église catholique en Angleterre ; le père John m'a dit qu'elle avait été fabriquée spécialement après 9/11 par les services de police de New York en geste de paix.

Le père John était sensible à ma cause et m'a donné le nom d'une ou deux personnes qui pourraient m'aider.

Tout d'abord j'ai pensé entrer en contact avec la personne dont John en Angleterre m'avait donné les coordonnées. Il s'agissait du père Jonathan Robinson, qui avait fondé l'Oratoire à Toronto en s'inspirant du Cardinal Newman pour établir sa communauté et sa paroisse. John l'avait contacté par mail de Cambridge. « *Quelles sont les possibilités d'amener un groupe de femmes de différentes traditions chrétiennes ici à Toronto ?* » avait-il demandé au père Robinson. Et ce dernier lui avait répondu : « *Ce sera difficile, mais pas impossible.* » Je me souvenais maintenant que je lui avais aussi envoyé un mail de la bibliothèque de mon quartier, à Arbury, pour me présenter. Après avoir envoyé le mail, j'étais sortie sur la petite place et j'avais eu soudain l'impression que le monde était resté figé.

Je l'ai rencontré, en fait, au début de mon voyage, à Toronto. Il m'a écouté attentivement et a suggéré que j'aille voir une communauté au nord de l'Ontario pour m'en inspirer. Il a eu la gentillesse de payer mon voyage.

Le voyage, au cœur du bouclier canadien, était fascinant. Pendant quatre heures en bus, je n'ai vu que des arbres, à travers lesquels on apercevait par-ci, par-là, un tout petit hameau. Une fois arrivée là-bas, j'ai vécu une expérience difficile, car les gens que j'ai rencontrés avait une façon de faire les choses entièrement différente de l'idée que j'avais d'une communauté, mais j'étais reconnaissante au père Jonathan d'avoir manifesté un intérêt, tout en réalisant qu'il me faudrait trouver ma propre voie.

Le Canada est extrêmement beau en automne. Ma cousine Ann, avec qui j'avais passé plusieurs heureux séjours à Drumheller, près de Calgary dans l'ouest du Canada, m'avais parlé d'un autre cousin, Gordon, qui habitait en fait à Toronto. Il s'est montré très aimable. Je lui ai dit que je voulais voir les chutes du Niagara et il m'a dit qu'il m'y emmènerait.

Les chutes se trouvent à une heure et demie de route de Toronto et l'on traverse en chemin de nombreux endroits magnifiques. Nous nous sommes arrêtés à Niagara-on-the-Lake et j'ai vu les deux tons de bleu de l'eau, où les eaux bleues du lac rejoignent celles du fleuve Niagara. Plus loin, nous avons descendu en ascenseur à 60 mètres dans une gorge et j'ai pleuré devant sa beauté, les arbres, le déploiement du paysage, la couleur de l'eau, la gorge et ma transition de l'Angleterre au Canada, qui était encore en cours. Gordon me regardait avec sympathie. « *Que vois-tu de l'autre côté ?* » m'a-t-il demandé. « *Je vois la rive* », j'ai répondu. « *C'est l'Amérique* » m'a-t-il dit.

Près des chutes nous avons découvert un temple bouddhiste et, aux chutes, une plaque qui portait le même nom que le temple et sur laquelle était inscrit : *Les chutes du Niagara ont été désignées Site de paix international*. J'ai rencontré une Espagnole qui venait de faire le chemin de Compostelle. « Ça, c'est mon Compostelle à moi », ai-je pensé.

De retour à Toronto, j'ai pris plaisir à me promener dans le quartier de l'université, avec ses splendides campus et ses nombreux endroits où manger et rencontrer des gens. J'ai découvert la bibliothèque Robarts, qui abrite la septième collection de livres du monde, avec ses charmants restaurants et ses espaces verts où les étudiants peuvent s'asseoir, ainsi que ses principales salles de lecture, desquelles l'on a vue sur la ville. J'ai fait la connaissance de Felicity, la bibliothécaire responsable de la section des ouvrages de référence, qui a passé des heures avec moi à rechercher les renseignements qu'il me fallait. Et qui plus est, la bibliothèque Robarts est ouverte à tous.

Dans l'appartement j'avais des voisins sympathiques et un jour, alors que nous étions assis dehors dans le petit jardin, je leur ai parlé un peu de ce que j'essayais de faire. Je tâte le terrain pour mon projet d'établir ici une communauté religieuse, je leur ai dit. Ils ont observé qu'ils n'étaient pas croyants, mais ils m'ont paru compréhensifs.

Je me suis promenée dans la ville et, en bas d'une petite rue, j'ai découvert une belle église. C'est, paraît-il, l'église des Carmélites. C'est également, il me semble, l'église que fréquente la communauté chinoise catholique de Toronto. Je croyais avoir aperçu quelqu'un à la sacristie ; il s'est avéré que c'était un prêtre chaleureux, du nom de père Paul, qui provenait d'une congrégation de Spiritains, anciennement connus sous le nom de pères du Saint-Esprit. Ils travaillent aux côtés des plus démunis du monde. Le père Paul a été intrigué par l'histoire de ma vie et nous nous sommes retrouvés un autre jour pour prendre un café à la Galerie d'art, où à son tour il m'a raconté un peu sa vie.

Je suis allée retrouver un jour une amie dans un restaurant. Tout à fait en face se trouvait le Massey Hall, un théâtre très fréquenté. Une foule s'était rassemblée en attendant le spectacle. Je n'ai pas pu m'empêcher de me mêler à eux et de bavarder avec une ou deux personnes. Ils ont appris que j'étais musicienne et que je donnais de temps à autre des concerts pour la paix et la réconciliation. « *Vous venez ici ?* » m'ont demandé certains, se montrant véritablement intéressés. J'ai été profondément touchée et me suis dit : « *Peut-être un jour, pourquoi pas ?* ».

Maintenant je suis de retour. On ne peut jamais être très sûr de la volonté de Dieu, mais je vais entamer le processus officiel d'émigration.

22 novembre 2005

Le jour de la conférence donnée par Margaret est arrivé. Je suis ravie et me sens honorée du fait que le maire, John Hipkin, a accepté de venir. J'ai partagé une plate-forme avec lui lors d'un office interconfessionnel en l'église Great St Mary's le 10 juillet. Je me suis sentie privilégiée quand on m'a demandé d'inviter l'assemblée à échanger un geste de paix. La ville de Cambridge remettait le Droit de cité à la ville allemande de Heidelberg, avec laquelle elle est jumelée depuis 40 ans. Je viens de découvrir que c'était aussi le 60e anniversaire de la victoire en Europe et de la victoire sur le Japon à la fin de la guerre.

Le soir du même jour

La conférence a été un grand succès. Margaret s'est surpassée ; puisant dans sa riche connaissance de la Bible, elle a démontré comment elle était le fondement de la paix et de la réconciliation. Le maire a manifesté un véritable intérêt et posé de nombreuses questions. Nous étions un groupe petit mais varié, rassemblant les traditions chrétienne, quaker et musulmane. L'ancienne bibliothèque est un lieu inspirant. Nous y avons pris le thé accompagné de gâteaux et, à la fin, un quaker a prononcé un discours impromptu sur la paix, qui a parfaitement résumé le tout. Tous nos efforts avaient été récompensés.

13 janvier 2006

Une nouvelle année commence et, comme l'a dit l'archevêque Peter dans la carte de Noël qu'il m'a envoyée de Cardiff, elle promet d'être palpitante !

En novembre dernier, j'ai payé pour obtenir le droit de consulter les livres de toutes les bibliothèques de la Fédération. Cet après-midi, je suis retournée à la bibliothèque de Westcott House (où sont formés les ordinands anglicans) pour une séance de travail intense sur l'eschatologie, et j'ai été récompensée en trouvant un manuel d'avant Vatican II qui expliquait, succinctement mais merveilleusement, les « choses dernières » (la mort, le jugement, etc.).

Comme le jour baissait derrière les fenêtres plombées, je savais que le sabbat approchait. Je suis sortie pour rendre la clé au bureau, mais la porte était verrouillée. En face de moi se trouvait un escalier raide éclairé par une lumière provenant d'une porte en haut. J'ai grimpé l'escalier et remarqué que la porte en bois portait l'inscription « *Recteur* ». J'ai frappé et une voix chaleureuse m'a répondu : « *Entrez !* » J'ai alors pénétré dans une grande pièce confortable et dit « *Shalom* ». J'ai tendu la main et expliqué que j'étais une juive catholique jouissant de droits d'accès aux bibliothèques de la Fédération. Le recteur, un bel homme doux, m'a dit que sa femme était catholique et ne m'avait-il pas vue à la grande église catholique ?

Une fois sortis, je lui ai dit : « *Savez-vous quel jour c'est maintenant ? C'est le Sabbat !* » Et il m'a demandé si je savais ce que le rabbin Heschel disait du Sabbat. Toute la semaine nous essayons de maîtriser le monde. Le jour du Sabbat nous lâchons prise, nous ne contrôlons rien et nous nous reposons. En tant qu'êtres humains, nous finirons par passer d'une activité intense au repos. Je lui ai dit alors que je m'étais assez débattue cette semaine et que j'allais rentrer me reposer. « *Vous avez bien raison* » m'a dit le recteur – et je suis partie.

17 janvier 2006

J'avais déjà remarqué sur la carte la rivière Swan à l'ouest du Canada, dans la province de Saskatchewan. Et aussi, peut-être en Alberta, les Swan Hills – j'aimerais visiter ces deux endroits un jour.

Samedi dernier, je me suis rendue à la librairie gérée par Oxfam. L'une des employées a entendu que je cherchais des livres sur le Canada et m'en a tendu un sur les pionniers (homesteaders) au début du XXe siècle, dont certains venus des États-Unis, qui vivaient dans des conditions extrêmement difficiles. Une femme écrivit un journal décrivant comment elle et son mari travaillèrent à établir une nouvelle ville sur cette terre stérile, avec l'aide d'une famille scandinave. Ils avaient installé une cuisine provisoire et elle servait tous les repas.

Le livre s'est ouvert à une page présentant une photo en noir et blanc, tout à fait extraordinaire, de femmes russes, jeunes et moins jeunes, en train de tirer une charrue, plus d'une douzaine étant attelées ensemble. Elles le faisaient pour laisser reposer leurs animaux exténués. La légende à la page suivante citait quelques lignes poétiques à leur sujet.

Elles chantaient... non, en fait, elles pleuraient. (Suit alors l'évocation d'un bruit indescriptible.) *Et la rivière Swan scintillait à leurs côtés.*

La vendeuse de la librairie, qui ne savait rien de la communauté de femmes, m'a dit « *l'émigration c'est un peu comme le homesteading, non ?* »

J'ai demandé à une femme dans le bus si elle savait exactement ce que c'était le « homesteading » et elle m'a dit qu'elle croyait qu'il s'agissait de se construire une maison avec du terrain tout autour – il était important d'avoir du terrain.

21 février 2006, 21h00

Anthony vient de dire la messe au Haven pour quelques-uns de nos Associés. Il célèbre merveilleusement bien la liturgie et c'est la semaine de prière pour l'unité des chrétiens. Il a choisi comme première lecture un passage du chapitre 8 du livre de Néhémie. Le judaïsme a été restauré après la reconstruction du temple par Néhémie, et Esdras lit la Torah devant le peuple, qui pleure. Il leur dit de ne pas s'affliger car « *la joie de l'Éternel est votre rempart* ». J'ai adopté ce verset pour les *Little Sisters of Joy* tout au début du projet. Déjà en Israël en 1989, j'avais reçu un petit signe. J'étais entrée dans l'église de Christchurch, la plus ancienne église protestante en Terre sainte, près de la porte de Jaffa. Il n'y avait personne, à part une femme qui cousait à côté d'un piano à queue, et lorsque j'étais allée regarder la Bible posée sur le lutrin, elle était ouverte à ce verset.

1er mars 2006

Aujourd'hui, j'ai traduit le poème en français de Rilke qui formera le frontispice du premier livre de mes mémoires, *The Moving Swan*, d'une part parce que je ne voulais pas reproduire la traduction, qui était d'un auteur inconnu, et d'autre part parce que je voulais le faire moi-même. Finalement j'ai simplement changé quelques mots, mais cela a fait toute la différence et je mettrai en dessous : « *d'après une traduction qui m'a inspirée et dont l'auteur est inconnu* ».

19 mars 2006

Je suis au Regent Hotel, qui est un havre de paix et de tranquillité. C'est maintenant l'heure où se terminent les petits déjeuners. J'ai bien bavardé avec Mme P., propriétaire de l'hôtel, lequel est géré par un groupe de réceptionnistes et employés charmants, venus des quatre coins du monde. L'hôtel est un véritable emblème de l'hospitalité italienne à l'ancienne et j'ai pris l'habitude d'y passer beaucoup de temps, principalement seule, mais quelquefois avec une amie et de temps à autre avec un groupe d'Associés pour célébrer notre anniversaire le jour de la fête juive du Nouvel an des arbres.

Je prends un thé avant d'aller à la messe à la grande église et je regarde par la fenêtre qui donne sur Parker's Piece. D'un côté se trouve la piscine, derrière laquelle se situe Hughes Hall. De l'autre côté de la pelouse se trouve la caserne des pompiers, adjacente à la gendarmerie qui est à côté du cabinet Barr Ellison, où je suis allée signer mon testament mercredi dernier.

Un peu plus bas se trouvent la maison de Robert, Christ's Pieces et la gare routière. Juste en face de la fenêtre se dressent de magnifiques platanes, dont les branches surplombent la pelouse sillonnée de longs sentiers sableux par lesquels les piétons la traverse en prenant leur temps. Des bicyclettes vont et viennent au loin. La pelouse est parsemée d'oiseaux blancs et un bus bleu passe au loin.

21 avril 2006

J'ai réalisé aujourd'hui que Dorothy en était à ses derniers jours. Elle a été pour moi une si bonne amie, même si elle avait des difficultés quand je suis allée la voir à Liverpool. Elle avait malgré tout trouvé la force de prendre une belle photo de moi avec ma guitare pour la quatrième page de couverture de mon livre. Assez pleuré ! J'ai pleuré mes dernières larmes il y a déjà quelque temps. Mais le Christ est ressuscité ! Et je suis au seuil d'une toute nouvelle vie.

9 mai 2006

Seule une des membres de l'association Mothers' Union d'Impington savait combien j'étais anxieuse hier soir, car je n'étais pas sûre que les livres arrivent à temps pour le lancement de mon petit ouvrage, *The Moving Swan*. La salle paroissiale était magnifique et tout le monde s'était donné beaucoup de peine pour la préparer. L'association avait accepté de m'aider à lancer le livre ; cela s'était convenu à l'issue d'une réunion où les membres m'avaient entendu chanter et c'était beaucoup mieux que si je l'avais organisé moi-même.

J'ai commencé l'exposé sur ma vie, encourageant la cinquante d'amis présents à chanter avec moi les chansons folkloriques et les mélodies hébraïques. Pam a été formidable ; en plein milieu, elle est entrée sur la scène par la droite apportant trente livres tout neufs. Après, j'en ai signé et vendu environ vingt et nous avons pris tous ensemble un goûter délicieux.

11 mai 2006, 4h30

L'aube se lève. Cela ne fait guère plus de deux jours que j'ai lancé mon livre. Les bénédictions commencent à affluer (une fois que l'on est sur la bonne voie, comme l'a dit un jour Latif). Hier soir mon voisin, Tim, est venu. Je lui ai raconté une bonne partie de ma vie et parlé en particulier de mon travail d'aide-soignante, puis nous en sommes venus à parler du livre. Je lui ai demandé à quoi la couverture (deux danseuses, jupes violettes, bras levés – de Degas) lui faisait penser. Il n'a pas fait le lien, comme certains, avec le Lac des Cygnes, mais il a dit que c'était « *deux dames qui dansaient* ».

22 mai 2006

Plusieurs choses, belles et cachées, se sont produites aujourd'hui. Une amie juive est venue me voir et nous avons bavardé sereinement. Elle m'a dit qu'il y a quelques années elle avait été artiste-résidente au Arts Theatre. Elle m'a demandé si la JOIE des *Little Sisters of Joy* avait quelque chose à voir avec le hassidisme !

25 mai 2006

Les vents du changement

Ces derniers jours ont représenté un véritable tournant. J'ai rendu visite à ma mère Dorothea dans la maison de retraite juive à Londres. Elle semble se replier sur elle-même et accomplir une sorte de cheminement intérieur. J'ai dû la faire manger, mais c'est quelque chose que j'aime faire depuis le temps où je m'occupais de personnes âgées sur le kibboutz en 1999, et cela a été pour moi un véritable privilège. Je suis sûre qu'elle est mourante et donc je me prépare.

Maman vient d'une famille illustre, comptant parmi ses membres Henri Bergson, le philosophe, et Jonathan Miller, le directeur d'opéras. Ma grand-mère maternelle, qui était suédoise, est le seul aïeul que j'aie connu. Je suis très proche de ma mère – c'est un peu comme si elle était le rocher et moi le lichen, et ce sera très dur. Mais mon frère Sam s'est montré très dévoué et il passe la voir tous les jours ; il habite tout près, donc elle est en bonnes mains.

20 juin 2006

Hier je suis allée voir Peggy, la mère de David, à la maison de retraire. Je lui ai emporté un exemplaire de *The Moving Swan* et elle était enchantée. Nous nous sommes assises à la fenêtre et, malgré sa maladie d'Alzheimer, nous avons bavardé agréablement.

28 juin 2006

Ma mère est décédée à l'âge de 97 ans. Elle a été enterrée aujourd'hui aux côtés de mon père et de mon frère Ronnie au cimetière juif de Bushey, dans la banlieue de Londres. J'ai pris la décision de ne pas aller aux funérailles parce que j'ai eu beaucoup de difficultés avec ma famille ces dernières semaines et je veux préserver le souvenir que je garde de ma mère depuis ma récente visite.

Elle m'a donné ma foi, ma musique et mon ouverture d'esprit envers mes semblables. Je suis convaincue d'avoir senti sa présence après sa mort, mais c'est trop tôt pour en parler. J'espère et je prie que les choses vont bientôt s'arranger avec ma famille.

29 juin 2006, après la messe de 8h00

Solennité des saints Pierre et Paul

La façon dont les choses arrivent est à la fois étrange et merveilleuse. J'avais demandé une messe pour ma famille il y a déjà quelque temps et c'est aujourd'hui un jour qui me semble très opportun. Je n'avais pas réalisé combien cette fête est importante ; elle met vraiment à l'honneur les deux piliers juifs de l'Église et c'est encourageant de voir que la dimension juive est toujours mentionnée.

20 juillet 2006

Little Gidding

Je me suis sentie très honorée d'avoir été invitée par le couple qui s'occupe de Little Gidding, au fin fonds du comté de Huntingdonshire, à un week-end de réflexion sur les problèmes israélo-palestiniens.

Ce lieu a été, à deux reprises, une communauté. Fondé par Nicholas Ferrar au XVIIe siècle, ce fut un lieu de prière profonde pour plusieurs familles pendant 25 ans, avant d'être menacé par la Guerre civile. Mon poète favori, George Herbert, prêtre anglican et mystique, était attaché à cette contrée intemporelle qui a été magnifiquement décrite par T.S. Eliot dans ses *Quatre Quatuors*.

Notre groupe, petit mais diversifié, a échangé ses expériences d'Israël et de la Palestine, certains revisitant les souvenirs heureux qu'ils en avaient. Une dame appelée Marisa a parlé avec émotion du programme d'*Accompagnement* des Israéliens et des Palestiniens de tous âges auquel elle avait participé, souvent dans des conditions très pénibles. Marisa habite à Cambridge et semble être une personne très droite ; j'espère apprendre à mieux la connaître. Je me suis aussi liée d'amitié avec Joy, une femme d'environ 70 ans qui habite près de Croydon et m'a demandé de venir passer quelques jours chez elle.

La petite église qui se trouve dans le parc rayonne de la présence du Christ, même si la deuxième communauté, qui a vécu ici, elle aussi, pendant 25 ans, vient de partir. Au-dessus du sanctuaire est inscrit « *Priez pour la paix à Jérusalem* ». Pendant la prière du soir, en ce beau dimanche soir ensoleillé, j'ai chanté en hébreu en m'accompagnant à la guitare. La porte était ouverte et face à la lumière. Après, quatre d'entre nous ont dansé une *horah* dehors sur la pelouse, exprimant spontanément notre JOIE.

23 septembre 2006

Rosh Hashanah. La Nouvelle année. Un temps de renouveau où nous nous tournons vers le Créateur. Je me demande ce que cette année apportera ?

15 octobre 2006

Dieu est le Dieu des surprises. Il y a deux semaines, je suis entrée dans un nouveau café appelé « Victoria » et une jeune fille charmante m'a saluée du bar. Elle s'appelle Alexia ; elle est française et elle fait des études de commerce à Anglia Ruskin University. Elle vient de la banlieue parisienne et n'est ici que pour un an seulement. Mis à part le week-end passé à Little Gidding, je me sens plutôt malheureuse depuis la mort de ma mère et cette rencontre m'a apporté consolation. Je vais régulièrement à ce café depuis et Alexia m'a dit ce soir que lorsqu'elle m'a rencontrée la première fois je parlais beaucoup et très rapidement en anglais – elle n'en comprenait pas les trois quarts, mais elle voyait que j'avais besoin de parler !

Le café appartient à une famille chinoise ; il semble qu'il s'agisse plus d'une dynastie dominée par une femme plutôt impitoyable, mais le Chinois qui y sert est aimable et veut lire mon petit livre. Alexia en voudrait un exemplaire, elle aussi, et je suis contente que le livre s'avère utile.

Je vais bientôt rencontrer le copain d'Alexia ; il va venir la voir de Paris. Je vais trouver le courage de lui demander si elle veut venir visiter avec moi quelques « Colleges » de l'université.

31 octobre 2006

J'ai été invitée par un groupe appelé les *Grovebury Ladies*, toutes du quartier, à chanter et jouer dans l'Arbury Community

Centre. Environ 30 femmes ont chanté avec moi des chansons des années 60. Entre les chants, j'ai parlé un peu des *Little Sisters of Joy* et de notre mission et je crois qu'elles ont été touchées, en particulier lorsque j'ai lu le passage d'Isaïe 2:2-4 sur l'avènement de la paix universelle. Elles étaient également intéressées par mon livre et j'en ai dédicacé quelques-uns à la fin.

Novembre 2006

Notre famille a enfin retrouvé une certaine harmonie à la suite de la mort de ma mère. Hier, c'était l'installation de la pierre, la deuxième cérémonie dans la religion juive ; elle a lieu dans l'année qui suit les funérailles. Mon frère m'avait invitée et m'a accueillie comme sa sœur lorsque je suis entrée dans la salle de prière. Nous avons ensuite prié autour de la tombe. J'ai réalisé par la suite que trois rabbins étaient présents à la cérémonie ; les deux « supplémentaires » voulaient honorer mon frère de leur présence.

Au cours du goûter servi chez mon neveu, j'ai fait la connaissance d'un homme charmant qui avait été adjoint au Grand Rabbin. Il m'a écouté parler de mon projet avec un grand respect.

5 décembre 2006

Quelle chance de pouvoir donner un concert dans un lieu aussi magnifique ! Tout s'est très bien passé hier soir dans la chapelle de Robinson College. J'avais préparé le concert soigneusement, mais il y a eu de merveilleuses surprises. Ces splendides vitraux de Piper aux teintes vertes et jaunes, qui ne rendent pas aussi bien dans le noir, mais qui me font penser à Chagall et à Israël ! Et cette acoustique merveilleuse – pas étonnant que j'aie bien chanté !

Marisa m'avait dit qu'elle serait très fatiguée, mais elle était là. Mes deux filles de cœur, Clare et Louise, m'encourageaient du premier rang, et Alexia s'affairait à vendre des programmes et un livre par ci par là. J'ai chanté sa chanson préférée, qui est *Last thing on my Mind* de Tom Paxton. Elle m'a dit après qu'elle n'avait pas compris toutes les paroles, mais qu'elle avait saisi les diverses émotions que j'avais ressenties par la façon dont j'avais chanté et elle a ajouté que c'était ça l'important.

Quelque chose d'inhabituel s'est passé pendant l'entracte. J'avais demandé aux responsables du College si le bar pouvait être ouvert et ils avaient accepté. Tout le monde y est allé prendre une boisson et, comme par mystère, des sandwiches au saumon fumé sont apparus tout à coup !

Je me sentais revigorée et j'attendais dans la chapelle que le public revienne pour la deuxième partie du concert. J'ai bien chanté, encourageant les auditeurs à se joindre à moi, et l'expérience a été agréable, dynamique et en quelque sorte mystique.

De retour à la maison, je me suis agenouillée et j'ai ouvert mon livre de prière à la page de la prière du soir, qui se terminait ainsi :

Que ce que j'ai accompli aujourd'hui puisse être une semence qui rapportera une moisson éternelle.

Alexia Lagosanto au bord de la Seine à Paris

Irene Elia au Haven

Gila et un bouleau blanc le long de Bloor, Toronto

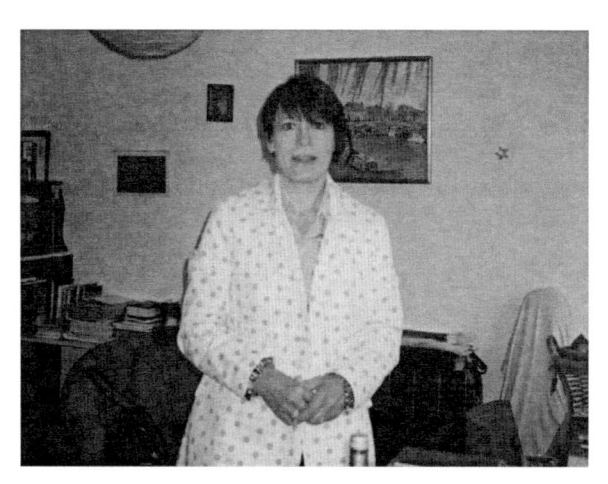

La traductrice, Françoise Barber, au Haven

Sœur Benedict, Kylemore Abbey (Connemara), novembre 2004

Gila s'accompagnant à la guitare

Le père Piotr Kisiel (1966 – 2013), prêtre au service de la communauté polonaise de Cambridge

Jeune homme montrant ses marchandises le long de Bloor, à Toronto

Gila savoure les plaisirs d'un séjour à Paris

Les camarades de chambre de Gila à l'auberge de jeunesse. Toronto, mars 2008

Une nouvelle direction

24 décembre 2006

J'aime chanter à la radio. J'ai eu le privilège ce matin d'être l'invitée du petit-déjeuner de l'émission religieuse de BBC Radio Cambridgeshire de 8h à 8h30. L'interview était entrecoupée de musique. On m'a demandé de parler de mon enfance juive, des *Little Sisters of Joy* et du sens de la fête Noël, question à laquelle j'ai répondu que Noël ce n'était pas simplement le 25 décembre, mais que la naissance du Christ pouvait se produire n'importe où, n'importe quel jour et à n'importe quelle heure.

J'ai chanté le chant des anges, puisque les juifs le chantent dans le monde entier la veille du sabbat. À la fin, on a diffusé un de mes morceaux de musique préférés, l'aria *Ombra Mai Fu* de l'opéra *Serse* de Haendel. Ce roi de Perse qui se promène dans son jardin et passe sous le platane me fait penser à la mission de Néhémie, qui demande au roi de Perse de le libérer de ses fonctions de manière à ce qu'il puisse retourner en Palestine et reconstruire le temple. C'est un morceau très poignant, qui me rappelle ma propre mission de paix et de réconciliation.

L'interview a dû bien se passer car Marisa m'a envoyé un mail pour me dire que son mari l'avait réveillée pour lui rappeler l'émission et que j'avais bien répondu aux questions, en particulier au sujet de Noël. Elle m'a dit aussi que j'avais une voix faite pour la radio ! Une merveilleuse façon de terminer l'année !

7 janvier 2007

Hier, c'était la fête de l'Épiphanie, l'une de mes fêtes préférées. Vers la fin de l'année dernière, j'ai reçu une charmante lettre d'une dame qui fréquente l'église St Leonard's. Elle me confirmait une invitation de leur prêtre (que j'avais rencontré à la bibliothèque de l'université) à prêcher dans la vieille église de Catworth dans le comté de Huntingdonshire, et nous avons choisi le jour de cette fête.

Une amie catholique m'y a conduit et lorsque j'ai été installée derrière le chœur, Stuart, le prêtre, a annoncé que j'étais probablement la première catholique à prêcher dans cette église depuis la Réforme ! Le chœur a chanté mélodieusement, puis j'ai prêché sur la lumière qui sort des ténèbres, en faisant allusion à l'Holocauste, et chanté *Eli, Eli* pour terminer.

On nous a servies, après, un délicieux souper et traitées avec la plus grande courtoisie. Mon amie m'a ensuite remmenée chez moi traversant en chemin les sombres paysages de l'East Anglia.

11 janvier 2007

Risa Domb est décédée aujourd'hui. Heureusement, une amie proche me l'a fait savoir, sinon j'aurais été vraiment accablée. Risa était une professeure extraordinaire et la directrice-fondatrice du Centre d'étude de l'hébreu moderne de l'université de Cambridge, qui a été inauguré en 1993. Elle évoluait « *entre deux mondes* » : au Royaume-Uni et en Israël (où elle naquit dans la ville de Netanya).

Elle a été pour moi une amie formidable dans les bons moments, comme dans les mauvais. Après ma dépression nerveuse en 1991, elle est venue à Newton Road et a suggéré, pour m'épargner du stress, que je ne termine que ma licence en hébreu et laisse tomber l'arabe. Elle m'a dit un jour qu'elle se sentait très proche de moi et elle soutenait activement les *Little Sisters of Joy*. « *Tu rencontreras de l'hostilité, mais il te faut aller de l'avant, m'avait-elle dit, et ne jamais craindre la confrontation pour arriver à une résolution* ». C'était Risa qui avait insisté pour que nous soyons une communauté de réconciliation et non seulement de paix.

En janvier 1999, avant de rencontrer le cardinal Lustiger, je lui avais adressé une lettre, que j'avais rédigée la nuit au couvent des Sœurs de l'Adoration à Paris. Le matin, je l'avais remise à une jeune femme à Notre-Dame. Quand je m'étais retournée, je m'étais trouvée face à face avec Risa et son mari qui étaient en séjour dans la ville – nous nous étions étreintes et étions restées un long moment dans les bras l'une de l'autre, ce que j'avais interprété comme un signe de grande grâce.

12 janvier 2007

Sainte Marguerite Bourgeoys

Je priais hier soir avec mon livre de prières en français, demandant que je puisse parvenir à recueillir la somme totale exigée par le gouvernement canadien pour pouvoir entamer la procédure d'émigration (j'en ai déjà recueilli une grande partie). En regardant dans les dernières pages du livre, j'ai découvert que c'était aujourd'hui la fête de la seule sainte canadienne. Je lisais le résumé de sa vie quand le téléphone a sonné et c'était mon amie m'informant qu'elle m'envoyait l'argent. C'est étrange que je découvre sainte Marguerite à la suite de la mort de Risa.

Sainte Marguerite naquit en 1620 à Troyes en France et partit missionnaire au Canada, où elle enseigna des enfants français et construisit la première école à Montréal. Elle travailla aux côtés des Indiens iroquois jusqu'à sa retraite en 1693. Elle fonda la Congrégation de Notre-Dame et mourut le 12 janvier 1700. Elle fut canonisée par Jean-Paul II en 1982.

4 février 2007

De nouveau le Nouvel an des arbres

Hier soir, Kitty Stidworthy a aimablement mis sa belle maison, à Newnham, à disposition pour que nous y fêtions notre huitième anniversaire. Dix amis et associés étaient présents, dont Françoise Barber, qui a si soigneusement traduit la Règle de vie en français. Nous avons célébré l'occasion en partageant un buffet et le verre de l'amitié. Evita, qui travaille au café Victoria avec Alexia, avait réalisé une magnifique composition florale.

J'ai donné un bref aperçu de ce qui avait été accompli l'année dernière et de mes projets pour le Canada. Je m'y rendrai à nouveau le mois prochain. Kitty a lu des extraits de ses traductions de poèmes russes et j'ai chanté. Tout le monde a chanté spontanément en russe à la fin !

Kitty et moi avons convenu plus tard que nous avions été comblés d'une grâce spéciale tout au long de la soirée. J'ai découvert que c'est la seule de mes connaissances à être allée à St Étienne-du-Grès, le village de Provence où vivent les *Sœurs de Pomeyrol* et où, par la grâce de Dieu, le concept de communauté est né.

7 février 2007

Le 5 février j'ai reçu mon nouveau passeport. À 16h30, j'ai pris le train en provenance d'Édimbourg de Peterborough à Londres, puis un taxi pour me rendre chez ma belle-sœur, Roberta, qui habite un appartement à St John's Wood. Nous avons passé un bon moment ensemble et la nuit a été reposante. Le matin, elle m'a demandé si j'aimerais un sac à bandoulière en cuir qui avait appartenu à Alan, son compagnon décédé. Il y mettait son passeport et ses papiers lors de ses voyages dans le monde entier. J'ai été si touchée que j'ai éclaté en sanglots.

À 8h du matin, nous avons pris un taxi pour Grosvenor Square et le Haut-Commissariat du Canada. Nous sommes allés au Département de l'immigration. Comme nous gravissions les marches, la porte s'est ouverte ; le Portier nous a fait entrer et il n'y avait là que peu d'autres personnes.

J'ai expliqué ce que je venais faire et il m'a demandé si j'avais des questions – non, ai-je répondu. En haut, seule avec le portier, j'ai dit un *Je vous salue Marie* et fait le signe de la croix avant de mettre l'enveloppe scellée contenant les formulaires et la traite bancaire dans une boîte aux lettres blanche plutôt quelconque. Le portier m'a dit que c'était la première fois qu'il voyait quelqu'un prier là. Dans l'ensemble, c'était tout un cérémoniel et, quand je suis redescendue, Roberta m'a dit que c'était une expérience à partager. Je lui étais profondément reconnaissante et le suis encore.

1er mars 2007

Je suis dans mon appartement, le Haven, et j'ai en face de moi un coucher de soleil splendide. Des nuages dorés dans un ciel bleu. Demain, je prends un vol Globespan à 14h30 et je m'envole vers l'ouest à destination du Canada.

Hier, j'étais au Graduate Centre, où j'attendais Alexia. Je me suis assise au troisième étage d'où j'avais une vue magnifique sur la rivière Cam. J'ai soudain éprouvé un sentiment profond, comme jamais encore au cours de ces années aventurières : une promesse, une lumière, une immensité dans mon cœur et une beauté qui n'avait encore jamais existé. Quelqu'un m'avait dit la veille : « *Une nouvelle vie vous appelle* ».

Celui qui m'appelle c'est le Christ, notre Seigneur, et Il est la Lumière.

26 mars 2007

Je suis arrivée à Toronto à minuit le 2 mars, après avoir attendu trois heures à l'aéroport de Montréal à cause d'une tempête de neige. Immobile sur le tarmac, j'avais néanmoins le sentiment d'être *rentrée au bercail*. Par le hublot, j'ai vu trois avions aux couleurs vives s'avancer avec grâce vers moi en une sorte de danse.

L'accueil à Stella Maris, la communauté de sœurs et de laïques où j'ai logé durant tout mon séjour, a été plein d'effusions. Nous venons d'Afrique, du Canada, du Salvador, d'Autriche et de Corée du Sud, et mes origines juives viennent s'ajouter au mélange. Nous habitons dans une belle maison près de Bloor et de Spadina, où nous mangeons et prions ensemble, faisant la cuisine chacune à notre tour et nous réjouissant de réciter ensemble les prières de bénédiction et d'action de grâce au moment des repas.

Ces repas sont animés ; de temps à autre sœur Isobel partage avec nous les Écritures, s'inspirant des commentaires rabbiniques modernes qu'elle connaît bien. Sœur Ursula, également d'Afrique, nous régale en nous interprétant *O Canada*, (elle est devenue citoyenne canadienne). Elle gère admirablement bien la maison et maintient la communauté sur les rails.

Il fait froid, mais j'ai apporté des vêtements adaptés et j'apprécie la fraîcheur. J'ai passé la plupart de mes journées à me promener dans le quartier, appelé « *The Annex* » parce qu'il est « annexé » au centre-ville. Tout est sous la main : le Centre communautaire juif avec sa piscine, ses salles de cours et son café, la librairie de livres d'occasion de Susan, des magasins en tout genre, la station de métro et les tramways de Spadina, qui rejoignent King par l'avenue de Spadina.

La bibliothèque du quartier se situe à côté du Native Canadian Centre dans Spadina Road. Entre les deux, au bout d'une petite allée, se trouve un immeuble où habite un groupe de femmes autochtones canadiennes. Je les vois de temps en temps et je suis allée à leur centre une ou deux fois ; la boutique est ravissante et vend des objets de différentes traditions autochtones canadiennes.

Cachée derrière la bibliothèque du quartier se trouve une rue qui débouche sur une sorte de place. Marchant le long de la rue, je suis passée devant un immeuble marron d'environ dix étages, dans le jardin duquel un homme se promenait. C'était en fait le concierge, qui m'a dit que même s'ils ne mettaient pas d'annonce, il y avait d'habitude toujours des appartements à louer. Je me suis peut-être trouvé un logement ? C'est une communauté fascinante d'artistes, de poètes et de musiciens, entre autres.

Il était important d'obtenir la bénédiction de l'Église, mais je ne m'étais pas attendue à rencontrer le nouvel archevêque, Thomas Collins ! Il travaillait auparavant à Alberta et n'avait pris ses fonctions qu'un mois avant mon arrivée. Lors d'une courte rencontre avec lui, il m'a dit qu'il était très heureux que je « m'implante » à Toronto et de lui faire savoir quand j'arriverai pour de bon. Il connaît l'hébreu, a étudié la théologie à Ratisbonne (où était Maryvonne) et se dit particulièrement intéressé par la dimension « hospitalité » des *Little Sisters of Joy*.

Je quitte Toronto dans deux jours avec dans le cœur des sentiments chaleureux, tant envers la ville qu'envers ses habitants. Qui sait ce que l'avenir me réserve ?

26 avril 2007

J'ai un blog ! Alexia et moi sommes allées chez une amie qui nous a prêté son ordinateur pour me créer un blog ! Éprouvant un sentiment étrange, j'ai pris mon courage à deux mains et j'ai rédigé mon premier message :

Je suis sœur Gila et vous êtes ma famille internationale

8 juillet 2007

Alexia a terminé son Master en commerce et rentre en France bientôt. J'ai loué une voiture et nous sommes allées nous promener dans le Suffolk, où aujourd'hui Anthony, mon ami prêtre à la voix merveilleuse, a donné un petit concert pour un cercle d'amis. Nous avions pour cadre la vieille église catholique de Kirtling et Alexia a pris de nombreuses photos, y compris des interprètes. Anthony a chanté de beaux arias d'opéra. Après, nous avons pique-niqué dans une prairie voisine !

16 juillet 2007

Je me suis réveillée hier matin vers huit heures et j'ai eu le profond sentiment que je devais aller rendre visite à Peggy, la mère de David. Je n'y étais pas allée depuis un moment. Une infirmière m'attendait dans le couloir à la porte de sa chambre. Quand je suis entrée j'ai vu qu'elle était calme, mais mourante. L'infirmière m'a demandé si je me sentais assez forte pour rester et j'ai dit que oui et que je voulais être seule avec elle un petit moment.

J'ai réfléchi un peu aux premières années de sa vie d'après mes souvenirs. Elle était née en Inde, alors que son père servait dans l'armée britannique. Elle m'avait dit un jour qu'elle allait à l'école à cheval, avec l'Himalaya en toile de fond. Enfant et dans sa jeunesse, elle croyait en Dieu ; son père avait décidé de devenir prêtre anglican, mais il perdit sa foi et on la taquinait à ce propos à l'école. À un certain moment, sa foi était aussi devenue hésitante, mais quand elle est venue vivre à Cambridge et qu'elle passait devant la grande église catholique, elle sentait que quelque chose « *l'attirait* », sans qu'elle n'ait jamais tout à fait eu le courage d'entrer.

Je me suis assise et j'ai prié en silence, puis j'ai eu une idée. J'ai dit à l'infirmière qu'il fallait que j'aille chercher quelque chose et, tout doucement, je suis descendue au rez-de-chaussée et sortie. Je m'étais bien souvenu ; au fond de la rue il y avait un tout nouveau magasin de produits fermiers. Je suis entrée et j'ai dit aux serveurs que j'allais donner les derniers sacrements à quelqu'un et qu'il me faudrait une bouteille d'huile d'olive toute neuve, en avaient-ils une ?

Ils étaient tout contents de m'en vendre une et le jeune homme en a versé une petite quantité dans une bouteille de coca vide. Il m'a dit que je pourrais revenir chercher le reste plus tard.

Je suis retournée à la maison de retraite et me suis glissée dans la chambre de Peggy. Elle avait toujours l'air très paisible. J'ai pris un peu d'huile entre mes doigts et je lui ai fait le signe de la croix sur le front. J'ai dit une prière et je suis restée avec elle un instant.

Elle est décédée à deux heures aujourd'hui, le jour de la fête de Notre-Dame du Mont-Carmel. J'ai déjà adopté une carmélite comme sainte patronne des *Little Sisters of Joy* et nous en avons certainement une autre maintenant.

22 juillet 2007

J'ai emmené Alexia à la synagogue de Thompson's Lane hier. Comme nous traversions le pont Magdalene, nous avons doublé le rabbin Reuven et trois de ses enfants, qui avaient l'air charmants. L'office était émouvant et Alexia a été intriguée par le balancement du corps d'avant en arrière qui accompagnait les prières des hommes. Elle m'a invitée à aller en France en septembre pour rendre visite à sa famille.

27 juillet 2007

J'ai passé mon dernier examen pour Maryvale à Londres aujourd'hui. Je dois avouer que c'est un grand soulagement.

2 août 2007

Quelque chose de très singulier s'est passé aujourd'hui. Je montais Trinity Street et, en face du marché artisanal, j'ai entendu une langue étrangère qui m'étais familière. Je me suis retournée et, oui, le jeune homme parlait hébreu ! Nous avons échangé quelques phrases – il était avec un groupe – et j'ai expliqué que je me dirigeais vers un magasin spécial pour y acheter du vin casher et une hallah pour le Sabbat le lendemain. Et si on célébrait ensemble ?

Nous avons convenu que le groupe tout entier, environ 20 personnes au total, et leur accompagnatrice, me retrouveraient le lendemain à 17h près du marché artisanal. Le jeune homme pourrait dire les bénédictions, nous partagerions le pain et je pourrais apporter ma guitare.

3 août 2007

Notre célébration a été formidable. Nous nous sommes tous retrouvés pour célébrer le sabbat. Mon jeune ami a mis une kippa (calotte) et a béni le vin et le pain. Tous les étudiants étaient contents que j'aie amené ma guitare parce qu'ils aimaient chanter – nous avons dansé un peu aussi. La chanson qu'ils ont préférée était *Hinay Ma Tov*, le psaume 133, « *Voyez! Qu'il est bon, qu'il est doux d'habiter en frères tous ensemble* », que j'avais chanté lors de mon concert à Clare College.

Je leur avais dit que j'étais chrétienne et ils étaient intéressés par mes origines. J'avais amené un exemplaire de mon livre, *The Moving Swan*, et leur accompagnatrice a dit qu'elle l'emmènerait en Israël et qu'elle « raconterait mon histoire personnelle ».

Ce n'est qu'au moment de partir que j'ai remarqué un groupe de bouleaux blancs au coin.

5 août 2007

Il a fait une chaleur étouffante aujourd'hui. J'allais en ville en bus quand quelque chose m'a poussée à descendre à Chesterton Road – j'avais envie de prendre une boisson à l'hôtel Arundel House. Comme je descendais du bus, un homme d'une quarantaine d'années s'est trouvé nez à nez avec moi. Nous avons échangé quelques mots (il avait un accent d'outre-Atlantique) et il s'est avéré qu'il était de Toronto et préparait un doctorat portant sur l'hébreu et la Septante à la faculté de Divinité !

Nous avons fait chemin ensemble pendant que je lui racontais l'histoire de ma vie. Lorsque nous sommes arrivés au pub *The Old Spring*, nous y sommes rentrés prendre deux verres de bière. Il a de nombreux contacts et m'a donné le nom d'un évêque retraité plutôt charismatique, qui fut évêque auxiliaire de Toronto. Il m'a parlé des collèges catholiques de l'université et m'a dit que c'était actuellement à Toronto une période très prometteuse pour les catholiques.

J'ai également découvert que son ami Francis, de Toronto, vient à Cambridge pour une exposition à Michaelhouse de ses tableaux sur le thème de la « *nature sauvage* ».

8 août 2007

J'ai réservé mon billet Eurostar pour Paris où j'irai du 18 au 27 septembre. Mais, avant ça, j'ai été invitée par une amie hongroise, Tünde, à passer huit jours dans sa ville natale en Hongrie. Nous partagerons notre temps entre Gyöngyös, dans les monts Mátra, et Budapest, la capitale. Nous nous sommes rencontrées à la faculté d'Ingénierie, où elle travaillait à la cafétéria et je passe la voir de temps en temps pour discuter des *Little Sisters of Joy*. Elle envisage la possibilité de se joindre à moi.

7 septembre 2007

Je suis revenue de Hongrie il y a trois jours. Quand je suis descendue de l'avion en Hongrie il y a dix jours, il faisait une forte chaleur, à laquelle je n'étais pas habituée. Tünde m'attendait et m'a conduit au centre de Budapest, où nous avons visité la Grande synagogue et prié le *Kaddish*, la prière des morts, pour le cardinal Lustiger, qui vient de décéder, et pour des membres de la famille de Tünde qui sont morts tragiquement. La synagogue est vaste et impressionnante, tout comme de nombreux autres bâtiments de la ville. J'ai pris plaisir à écouter la langue du pays et eu l'impression de croiser beaucoup de jeunes.

La ville natale de Tünde se trouve à quarante-cinq minutes de Budapest, de l'autre côté des monts Mátra, et Tünde m'y a conduit à vive allure dans sa petite voiture. Nous sommes arrivées tard le soir et elle m'a parlé de sa vieille tante qui habitait à côté. Quand je me suis réveillée le matin, j'étais entourée d'abricotiers ! Tant bien que mal, malgré la barrière de la langue, la tante de Tünde et moi avons réussi à communiquer et je la voyais souvent étendre le linge ou en train de monter à l'échelle dans son verger voisin pour ramasser les plus beaux fruits. Elle n'était parfois pas très sûre sur ses jambes et j'allais l'aider.

Il y avait au coin de la rue une petite épicerie où l'on m'envoyait acheter des provisions, afin que les gens de la localité puissent faire ma connaissance. C'était pour moi l'occasion de découvrir le quartier. Un jour, Tünde m'a prêté sa bicyclette pour aller à la poste – j'en ai profité pour me connecter à Internet et déguster une glace particulièrement délicieuse.

Tünde m'a dit que le bâtiment de la synagogue existait encore et elle m'y a emmenée dans sa petite voiture. La communauté juive n'était partie qu'en 1965 environ et une inscription en hébreu marque toujours l'entrée de l'ancienne salle de prière, bien que le bâtiment soit aujourd'hui un magasin de meubles.

Nous avons également fait d'autres choses très agréables, comme par exemple la visite des thermes d'Eger. Lors d'une excursion à Budapest, nous avons visité le Musée national et j'ai dansé sur les hauteurs surplombant le Danube au son de violons tziganes. J'ai décidé de passer quelques jours supplémentaires dans la capitale avant de rentrer directement chez moi.

18 septembre 2007

Je suis descendue avec ma guitare sur le quai de l'Eurostar, où j'ai attendu son arrivée. Il y avait là un groupe d'Américaines en route pour l'Europe continentale. J'en entamé la conversation avec l'une d'elles, qui m'a dit qu'elle était aussi une enfant des années 60 et m'a demandé de jouer quelque chose dans le train.

Une fois installée, j'ai pris ma guitare et posé le pied sur le siège. Au moment même où j'ai joué le premier accord, le train a démarré : le moment m'a paru symbolique. Les Américaines ont chanté avec moi *Blowing in the Wind* et d'autres chansons bien connues des années 60, et nous avons fait le trajet jusqu'à la Gare du Nord dans la gaieté.

Alexia m'y attendait et nous étions heureuses de nous retrouver. Elle m'a emmenée en voiture à Villecresnes, où je séjournerai deux jours avec elle et sa famille avant de descendre dans un petit hôtel près du centre de Paris. Ce soir j'ai joué et chanté pour ses parents et leurs voisins – ils ont chanté avec moi ! Tout le monde est très sympathique et je me sens tout à fait chez moi.

21 septembre 2007

Nous avons fêté le Nouvel an juif et ce soir c'est *Kol Nidrei*, la veille de la fête du Grand Pardon. J'en ai profité pour me rendre en Provence et aller voir les *Sœurs de Pomeyrol*. C'est la première fois que j'y retourne depuis l'extrême grâce et la genèse des *Little Sisters of Joy* en décembre 1998. J'ai l'impression de me souvenir de chaque caillou et de chaque feuille de ce paysage provençal. Ce soir, j'accompagne les sœurs à une rencontre de prière œcuménique dans la vieille église protestante d'Arles.

23 septembre 2007

La rencontre de prière s'est bien déroulée l'autre soir et on a chanté quelques chants en hébreu. J'ai pu expliquer l'importance de Yom Kippour et le fait que les personnes présentes étaient en solidarité avec les juifs du monde entier, qui priaient eux aussi pour la réconciliation et le pardon. Après, une dame m'a dit que les catholiques et les protestants entretenaient de bonnes relations à Arles. Je suis retournée à la voiture avec les sœurs et j'ai vu dans la rue un manège éclairé, exactement comme celui que j'avais vu en plein Paris, près de Notre-Dame, en 1999, immédiatement avant ma rencontre avec le cardinal Lustiger.

7 novembre 2007

Cérémonie de remise des diplômes

J'ai couché chez une amie hier soir et je suis arrivée aujourd'hui à la cathédrale Saint-Chad de Birmingham à temps pour la messe. Ensuite, nous sommes tous descendus pour nous mettre en tenue – Mme Renfrew avait pris parfaitement mes mesures – et c'était merveilleux de voir tout le monde sur son trente-et-un. On a beaucoup plaisanté et après plusieurs séances de photos, prises par des professionnels et autres, nous sommes tous remontés dans la bonne humeur.

Je portais une jupe longue rouge et noire et, quand mon tour est arrivé, j'ai remonté ma jupe et grimpé les marches en courant pour être accueillie par Lord David Alton, député, qui m'a souri radieusement et dit : « *Vous avez dû travailler dur !* » Il m'a remis mon diplôme, qui est validé par l'université de Maynooth, accompagné d'un côté par le père John et de l'autre par le père Paul, directeur du Maryvale Institute. J'en fus très fière.

12 novembre 2007 Archives

Sur les conseils d'archivistes français et de Cambridge, on a commencé à archiver tout ce qui concernait les *Little Sisters of Joy*. La première boîte a été placée sous la garde du père John Patrick à Blackfriars, siège des Dominicains. Elle comprend divers documents, tels que la Règle et les Constitutions, l'article du Révérend Polkinghorne et la Déclaration de fondation, ainsi que des photos des personnes associées à ce jour au projet.

2 décembre 2007, tôt le matin

Mon charmant petit bouleau blanc pousse rapidement, il est maintenant grand et résistant avec une belle écorce blanche. Un homme doux et avisé m'a dit récemment que les autochtones du Canada vénèrent cet arbre, dont ils utilisent l'écorce pour fabriquer leurs canoës. L'homme, qui me rappelait un peu ces peuples autochtones par ses vêtements et son teint hâlé, mais qui était en fait européen, m'a transmis une grande part de son savoir concernant diverses tribus, parmi lesquelles il avait, de toute évidence, vécu un certain temps. Il ne fait aucun doute que mon arbre a une vie et une âme, et chaque jour je suis les progrès accomplis par les *Little Sisters of Joy* à travers sa croissance.

17 février 2008

Un canoë vert, qui vogue sur la rivière, passe devant la fenêtre de Henry's Bar, où j'ai trouvé refuge après le concert. L'homme et la femme qui l'occupent sourient et me paraissent heureux. De nombreuses mouettes se croisent et s'entrecroisent en vol au-dessus de la rivière près du grand jardin des Fellows de Magdalene College. Sous la lumière du soleil, le grand saule paraît jaune.

Je crois que le concert d'hier soir pour la paix et la réconciliation, donné en mémoire de Risa Domb, a été un succès. Je m'étais bien préparée et avais fait plusieurs répétitions, dont la dernière avec Vivian Choi dans la salle où avait eu lieu le concert, le Lee Hall à Wolfson College. D'origine chinoise, tout comme le bienfaiteur de cette splendide salle, Vivian est une pianiste professionnelle merveilleuse qui m'a écoutée et m'a apporté des conseils, tant du point de vue musical que visuel. Elle a suggéré que je ne monte pas sur scène pour chanter parce que je serais trop coupée de mon auditoire. Hier, les chaises avaient mal été disposées, et j'ai donc passé une heure à les réarranger en demi-cercle, de telle sorte que je puisse voir mon auditoire et communiquer avec lui.

Juste avant le concert, j'ai ressenti quelque chose de curieux. Marilyn, la chargée de conférences, m'avait réservé dans un bâtiment adjacent une salle où me préparer et me reposer avant le concert et pendant l'entracte. Au milieu de la pièce se trouvait une table en bois ovale. La fenêtre à gauche en entrant donnait sur le beau jardin anglais et chinois. Et autre chose encore… de la fenêtre qui donne sur la droite du jardin, on voyait la salle de concert. En regardant par cette fenêtre vers 19h45, j'ai vu la scène et quelques personnes installées sur les chaises. J'ai éprouvé un sentiment de calme mystérieux.

J'ai décidé de fermer les rideaux pour ne pas voir combien de personnes étaient venues. Puis, vers 19h55, cinq minutes avant que le concert commence, j'ai rouvert les rideaux et estimé qu'il y avait une vingtaine de personnes. « J'ai un auditoire », me suis-je alors dit. Une fois enveloppée dans le beau châle rouge et or que Pam m'avait offert il y a bien longtemps, je me suis sentie, pour la première fois avant un concert, totalement calme sans le moindre trac. Comme l'horloge à l'extérieur sonnait vingt heures, je me suis préparée à faire mon entrée. Comme nous l'avions convenu, un étudiant de Wolfson a frappé à ma porte et nous avons fait ensemble le chemin jusqu'à la salle de concert.

27 février 2008

Sanderstead

J'ai quitté Cambridge il y a quelques jours pour passer la semaine avec une amie avant de partir pour le Canada. Mon amie s'appelle Joy et nous nous sommes rencontrées il y a deux ans lors d'un week-end de réflexion pour la paix à Little Gidding. Elle m'avait offert de m'accueillir quand je voulais. Alors, il y a quelque temps, je lui ai téléphoné pour lui dire que j'avais besoin d'un lieu de repos entre le concert en février et mon départ pour Toronto, prévu le 1er mars. Elle a tout de suite été d'accord et j'ai été frappée alors par sa générosité.

Sanderstead est un très beau village. Comme il est situé dans la région du Grand Londres, je ne m'y attendais pas. Il est perché en haut d'une colline, entouré d'arbres magnifiques et globalement très vallonné – totalement différent de Cambridge. L'appartement de mon amie se trouve à côté de l'église All Saints qui date du XIIIe siècle et comporte un grand clocher saxon. Il y a beaucoup de lumière et les couchers de soleil sont magnifiques. Deux bernaches du Canada se sont installées sur la mare ; elles y sont déjà, paraît-il, depuis quelque temps.

1er mars 2008, tard dans la soirée

Je suis arrivée à Toronto après un vol très agréable avec la British Airways. Il ne fait pas aussi froid que je l'avais imaginé, bien que nous ayons eu une tempête de neige hier soir. Gordon est venu me chercher à l'aéroport. J'ai commencé à m'installer dans l'auberge de jeunesse, située dans Church près de l'intersection de King, et j'ai deux compagnes de chambre charmantes. Je suis entourée de hauts bâtiments splendides, dont des gratte-ciel, et la tour CN scintille de ses nouvelles couleurs vives dans l'obscurité. Cela me rappelle la première fois où je l'ai vue (quand j'étais de retour dans la ville en 2005), mais c'était alors au lever du jour et je priais avec mon petit livre de prière : « *Aidez-moi à bâtir une nouvelle vie et un monde nouveau* ».

En face se trouve la cathédrale anglicane St James ; une cloche sonne agréablement la demi-heure à 21h30.

7 mars 2008

J'ai pris le métro à Sheppard-Yonge sous une tempête de neige pour aller voir l'évêque Pearse Lacey. Francis Dvorak, l'artiste, nous avait enfin mis en relation. Le père Pearse (comme je dois l'appeler) est lui aussi artiste, et Francis lui a donné des cours. Après avoir reçu certains passages de mes écrits sur les *Little Sisters of Joy* que je lui avais envoyés, il m'avait adressé une lettre manuscrite de deux pages me disant tout le plaisir qu'il aurait à m'accueillir à Toronto. Il précisait même : « *Vos racines juives apporteront une dimension précieuse à la présence des Little Sisters of Joy dans notre diocèse* ». C'était un merveilleux hommage et peut-être même quelque chose que je pourrai montrer au service de l'immigration.

Je suis entrée à MacDonald pour éviter la tempête de neige à Sheppard-Yonge. Vers 10h, j'ai demandé à une dame où se trouvait l'appartement de l'évêque. C'était de l'autre côté de la rue, juste en face, et je ne l'aurais jamais trouvé toute seule. C'est un bâtiment imposant et magnifiquement aménagé. Après avoir parlé à la concierge, j'ai pris l'ascenseur pour me rendre au huitième étage. À la porte, j'ai quitté mes grandes bottes en caoutchouc vertes. C'est Rita, la sœur du père Pearse, qui m'a ouvert. Elle m'a fait entrer et nous avons bavardé un bon moment, (le père Pearse prenait une douche). J'ai remarqué que la petite table à thé était dressée pour la messe. Quand le père Pearse est apparu, j'ai été surprise – c'est un grand homme jovial au visage rond, qui s'est excusé de marcher avec une canne.

Lorsque nous avons été seuls, il m'a demandé comment il pouvait m'aider et ce que j'attendais de lui. Je lui ai répondu que j'avais tout simplement besoin d'un ami. Âgé de quatre-vingt-dix-ans, il est toujours vaillant et nous pensons tous les deux que c'est par la grâce de Dieu que nous nous sommes rencontrés. Le père Pearse a dit la messe pour cinq personnes, les deux autres étant des voisins qu'il connaissait depuis plus de cinquante ans.

Rita nous a servi un excellent déjeuner et le père Pearse nous a régalé d'anecdotes racontant comment il avait guidé ses fidèles lors de l'introduction des grands changements de Vatican II, et comment il s'est trouvé parmi les quatre-vingt évêques canadiens qui ont accueilli le pape Jean-Paul II au Couvent des Sœurs de Saint-Joseph dans les années 1980. Les murs étaient ornés de ses belles peintures, ainsi que de son portrait magnifiquement réalisé par Francis Dvorak, mais c'est après le déjeuner, lorsqu'il m'a dit : « *Chez moi, soyez chez vous* », que j'ai été au comble du bonheur.

8 mars 2008

La bibliothèque Robarts

Il neige depuis tôt ce matin. Après avoir pris le petit déjeuner et passé des coups de téléphone, je suis partie toute encapuchonnée prendre le métro pour St George et la bibliothèque Robarts sur le campus de l'université. Aujourd'hui c'est la Journée internationale de la Femme et les quelques gens rencontrés dans la rue étaient sympathiques. Une femme m'a parlé des femmes employées dans des ateliers d'exploitation à New York qui avaient organisé une manifestation de protestation dans les années 1900 ; probablement mes ancêtres, ai-je remarqué. Une dame appelée Doris avançait péniblement dans la neige ; elle cherchait la bibliothèque et, l'ayant pris par le bras, j'étais toute fière de conduire quelqu'un de Toronto à la bibliothèque Robarts ! L'exposition qu'elle voulait voir n'existait pas et je me suis fait du souci pour elle lorsque je l'ai vue sortir une demi-heure plus tard et disparaître. C'était trop tard pour la suivre – mes affaires et mon manteau étaient au troisième étage.

11 mars 2008, 22 h

À 18h, je suis allée au hasard chez ma cousine au nord de la ville. Après un long trajet en métro, j'ai dû prendre un bus. Un

« ange » m'a montré la dernière partie du chemin. Ce soir, dans un quartier de belles maisons, tout enneigé, et sous un ciel clair et froid, j'ai frappé à sa porte pour la première fois ; la fille de ma cousine l'a ouverte et m'a fait entrer. Elle et son compagnon habitent maintenant la maison. Passée la surprise, elle m'a fait un thé. J'ai joué de sa guitare et elle m'a parlé tout en s'exerçant à la harpe. J'ai eu l'impression que notre rencontre s'était bien passée et elle m'a dit qu'elle aimerait venir me voir ce jeudi.

17 mars 2008

Ma mère aurait eu 99 ans aujourd'hui, le jour de la Saint-Patrick. En l'honneur de sa mémoire, je suis allée à la messe de 8h30 à la cathédrale ; j'en ai apprécié la quiétude. Le père Massio, de la maîtrise, qui s'était montré intéressé par mon projet, célébrait la messe. J'ai été frappé par la beauté de ses doigts écartés au-dessus de l'autel, qui me rappelaient le psaume 8 : « *Quand je contemple tes cieux, ouvrage de tes doigts…* ».

Nous avons entamé la Semaine sainte. J'ai été privilégiée en ce qu'une sœur religieuse que j'ai rencontrée à Walmer Road, dans le quartier « *The Annex* », m'a prêté son appartement pour cinq jours pendant son absence. Si Dieu m'amène réellement ici, avec ou sans groupe, c'est à Walmer Road que j'aimerais vraiment habiter, dans un des beaux immeubles qui s'y trouvent. Je me suis fait une autre amie dans le même bâtiment ; elle s'appelle Yolanda. Elle est à la retraite et nous avons décidé de nous retrouver pour manger ensemble dans un restaurant hongrois, le long de Bloor.

À 16h aujourd'hui je me suis fait un ami parmi la communauté juive. David Novak, un leader en ce qui concerne les relations entre juifs et chrétiens dans le pays, m'a invitée à le rencontrer à l'université. Nous sommes en contact par mail et il m'a envoyé un article à lire au sujet de ma sainte patronne, Edith Stein. Je lui ai répondu de manière appropriée (je n'étais pas d'accord sur tout) et j'appréhendais un peu de le rencontrer, mais en fin de compte tout s'est bien passé. Il s'est montré chaleureux et ouvert à ce que j'essayais de faire. Il m'a même décrit les différentes communautés juives de Toronto au cas où je viendrais habiter ici et signé un exemplaire de son tout dernier livre sur le Peuple choisi, qu'il m'a donné au moment où j'allais partir.

20 mars 2008

Juste avant d'aller en ville, j'ai fait un petit pèlerinage de quelques centaines de mètres le long de Walmer Road pour me rendre dans un petit parc équipé de bancs. Au milieu du parc se trouve la tête sculptée de Gwendolyn MacEwan, une poétesse de « The Annex » décédée il y a quelques années. Je l'avais découverte lors de mon précédent séjour et, de nouveau, j'ai été frappée par les deux dernières lignes d'un court poème gravé sous la sculpture :

Sous les arbres argentés nous dansons, dansons toujours.

27 mars 2008

Je pars dans quatre jours et ce matin j'ai eu une conversation émouvante avec l'une de mes camarades de chambre. Née dans le nord de l'Angleterre, elle a travaillé dans des refuges pour animaux et elle est en train de réaliser sa propre étude comparative. Elle a le sentiment qu'une force la guide et la conduit aux bons endroits ; ce qui pour moi est « Dieu » est pour elle « instinct ». C'est l'une des rares personnes à qui j'ai parlé d'un passage de la Bible qui a un sens profond pour moi au stade actuel de ma vie :

Je vous ai fait passer par le feu,

Je vous ai fait passer par l'eau,

Et maintenant je vous en fais sortir

Vers l'abondance.

(d'après le psaume 66:12)

Nous avons convenu qu'il ne s'agissait pas d'une question d'argent, mais rechercher le calme et la joie et de mener une vie fructueuse.

20 avril 2008

Une Pâque juive à la polonaise

Bien que je n'aie pas eu l'intention d'en faire un, le premier repas Seder après mon retour à Cambridge a été une soirée merveilleuse que j'ai surnommée « *Une Pâque juive à la polonaise* ». Hier soir, j'étais chez Ania et nous avons fêté la Pâque juive avec son amie Asha. La table était splendide et j'ai allumé les bougies festives à partir du magnifique candélabre, en chantant la bénédiction en hébreu. Nous nous sommes toutes les trois couvert la tête d'un foulard comme le veut la tradition. Sur la table étaient présentés des mets rituels et des harengs à la sauce à l'aneth (une spécialité polonaise et juive) ainsi que des verres de vin rouge, la pièce maîtresse étant le grand verre mis pour Élie le prophète, qui a la place d'honneur à la table de la Pâque juive.

Au cours de notre petite cérémonie, Ania s'est interrogée sur la manière dont les deux traditions, juive et chrétienne, si étroitement et inextricablement liées, ont fini par être aussi séparées dans l'esprit et le cœur des gens. J'étais fière de l'entendre tenir ces propos et j'ai remarqué que le petit livre de prières en hébreu, que je lui avais donné au début de notre amitié, semblait étinceler à mes yeux depuis la bibliothèque placée au coin de la pièce.

Alors que je chantais une autre mélodie en hébreu, Asha a dit combien elle se sentait heureuse en compagnie de personnes de différentes religions toutes assises ensemble autour de la table.

Comme le veut la coutume, vers la fin de la cérémonie, nous avons ouvert la porte d'entrée pour la venue d'Élie le prophète, qui annonce le Messie. Nous venions de la refermer quand quelqu'un a sonné et c'était le père Piotr, le prêtre polonais ! C'est un homme grand et rondelet d'une quarantaine d'années, aux yeux brillants que je n'ai remarqués pour la première fois que lorsqu'il s'est assis à table. Je n'avais jamais imaginé qu'il participe à une pâque juive mais, à sa façon inimitable, il est immédiatement entré dans le jeu et c'était un privilège de l'avoir parmi nous. Ania lui a suggéré de boire le vin servi dans le verre d'Élie, lui en expliquant longuement la signification, ce qui, j'en suis sûre, l'a profondément touché.

En fin de compte, j'ai couché sur place et j'avais le sentiment que « *ma coupe était débordante* » quand je me suis allongée dans mon lit. Tôt le lendemain matin, je suis allée à pied à l'église St Laurence, qui n'est pas loin, pour assister à la messe du quatrième dimanche après Pâques.

30 avril 2008

De retour à Paris

Venant d'arriver à Paris par l'Eurostar, je m'étais allongée vers 18h pour me reposer. Soudain, j'ai entendu le tentement des cloches de l'église de l'Immaculée Conception, qui est juste en bas de la rue dans laquelle se trouve mon petit Hôtel Cosy. J'ai réalisé qu'elles appelaient les fidèles à la première messe de l'Ascension, jour où Jésus est monté aux cieux, sous les yeux de ses apôtres, au mont des Olives. C'est l'une de mes fêtes préférées et le son des cloches m'a rappelé celles du village de Pomeyrol qui m'avaient appelée à la messe du matin de Noël, lors de mon séjour en 1998.

1er mai 2008

Alexia est venue, comme prévu, au restaurant Cosy, vers 11h. J'avais déjà acheté un brin de muguet à lui offrir et elle est arrivée, elle aussi, en portant un brin qu'elle m'a offert ! Alors que je l'attendais, en regardant avec angoisse par la fenêtre du café, c'était touchant de voir tout le monde, jeunes et moins jeunes, passer avec des brins de muguet qu'ils allaient offrir à quelqu'un qu'ils aimaient. Les fleurs qu'Alexia m'avait amenées avaient beaucoup plus de parfum que les miennes car elles les avaient ramassées dans les bois près de chez elle.

Nous avons passé un merveilleux moment ensemble ; la ville était calme parce que c'était un jour férié. Nous nous sommes promenées bras dessus-bras dessous et avons traversé un pont près de l'Avenue du Mande. Je pense qu'elle a apprécié ce moment de calme dans la vie trépidante qu'elle mène en ce moment, voyageant dans toute la France pour présenter un nouveau logiciel élaboré par sa compagnie, et étudiant en même temps.

Ce soir c'est la deuxième fois que je prends un repas chinois, cette fois-ci dans un restaurant modeste situé tout à côté de l'Hôtel Cosy. Je suis toujours étonnée de voir tout ce qu'il y a de merveilleux à deux pas de chez soi.

6 mai 2008

L'opéra

À propos de choses merveilleuses, j'ai eu une expérience inattendue ce matin. Après un trajet cahoteux dans le RER, je suis descendue à la station de métro Opéra. En passant devant le magnifique édifice de l'Opéra, je me suis demandé si l'auditorium pourrait être ouvert. Coup de chance ! Pour huit euros, j'ai pu entrer et visiter la majeure partie du bâtiment, y compris la scène. Et l'employée au guichet m'a dit que je pouvais chanter. Deux Américaines regardaient l'auditorium de l'une des loges latérales. (J'étais dans une loge au-dessus). Quand j'ai entonné *Hinay Ma Tov*, le début du psaume 133, elles ont été touchées et m'ont dit qu'elles avaient beaucoup apprécié mon interprétation. J'ai poursuivi avec *Plaisir d'Amour*, et une Japonaise qui était dans une loge de l'autre côté de l'auditorium a pris ma photo.

Je me sentais légère, heureuse et libre. Et encore plus quand j'ai entonné *Nel Cor Piu Non Mi Sento*, une petite ariette légère en italien que j'avais apprise au début de ma formation vocale à Glasgow en 1980. J'ai continué à chanter en descendant les marches du vestibule de l'Opéra de Paris. Je suis sortie, passant devant les gens assis sur les marches pour jouir du soleil qui baignait la place de l'Opéra, et j'ai continué à chanter jusqu'au café de la Paix de l'autre côté de la rue.

22 juin 2008, Ely

Cet après-midi, il s'est passé quelque chose qui m'a apporté beaucoup de plaisir et qui sera aussi, avec un peu de chance, source de plaisir pour d'autres. Je suis allée à Ely avec ma guitare et j'ai enregistré un CD de six morceaux de musique sacrée dans l'église St Mary's, blottie à côté de la cathédrale d'Ely. C'est mon amie musicienne Sue Gilmurray qui m'en a donné l'idée – son mari, Bob, est un spécialiste dans ce domaine et a tout organisé. Sue, elle, a écouté. J'ai composé trois morceaux pour mettre en musique le Magnificat, le Benedictus et un poème en français pour la Fête-Dieu. Les deux premiers étaient tirés respectivement de la prière du soir et de la prière du matin en anglais et le troisième de l'Office divin.

J'étais particulièrement satisfaite de ma mise en musique du Benedictus, car l'inspiration m'en était venue alors que je venais de sortir de la chapelle du monastère des Carmélites à Sclerder, un endroit merveilleux au bord de l'océan, entre Looe et Polperro, dans les Cornouailles, où j'étais allée rendre visite à mon amie, sœur Katrin.

19 octobre 2008

Aujourd'hui, dans le calendrier général de l'Église, nous commémorons le martyre des Jésuites canadiens, qui furent tués par les Iroquois lors des guerres entre les Iroquois et les Hurons, tribu plus paisible parmi laquelle les Jésuites avaient établi leur mission. Nous nous souvenons tout particulièrement de Jean de Brébeuf, d'Isaac Jogues et de leurs compagnons. Brébeuf avait adopté pleinement le mode de vie huron et, linguiste de talent, il avait procédé à une vaste étude de leur langue. Il tenait un journal dans lequel il décrivait l'approfondissement de sa foi alors qu'il sentait approcher sa fin inévitable.

Il n'est de meilleur jour pour méditer sur le tout récent séjour que j'ai fait dans le pays du 29 août au 3 octobre. Il est encore tout frais dans ma mémoire et dans mon cœur.

Cette fois, Eleanor, ma filleule est venue en avion de Baltimore pour passer avec moi mon premier week-end à Toronto. Nous avons pris plaisir à discuter ensemble longuement et avions prévu beaucoup d'autres choses, mais j'ai eu des ennuis avec mon logement. Là encore, mon cousin Gordon est venu à mon secours et m'a conduit dans la neige au quartier « *The Annex* », où se trouvaient des chambres d'hôtes dont j'avais l'adresse. À 21h, j'ai sonné à la porte d'une maison en pierre brune de quatre étages et un homme d'une cinquantaine d'années est venu ouvrir. « *Avez-vous une chambre de libre* ? », lui ai-je demandé. « *Oui* » m'a-t-il répondu. Le regardant de plus près, j'ai observé : « *Êtes-vous juif* ? » – « *Oui* », a-t-il répondu. C'était Gary. Au cours des semaines, nous avons fait connaissance et il a découvert ce que je faisais. Il m'a dit que je pouvais utiliser son domicile comme adresse permanente à Toronto. J'ai donc établi des racines là-bas.

Je suis allée voir Felicity à la Bibliothèque Robarts et je lui ai demandé de chercher comment je pourrais contacter l'archevêque chaldéen. Une de mes amies de Cambridge étudie le néo-araméen, la langue de tout premiers chrétiens catholiques, et m'a demandé d'aller le voir si possible. En moins de deux, une rencontre avec Monseigneur Hanna Zora avait été organisée au magnifique siège de l'évêché de l'autre côté de Toronto. Le trajet en bus était long, mais l'archevêque est venu me chercher à mon arrivée et m'a mis très à l'aise. Il a demandé au cuisinier de me servir du yaourt et des œufs avec du pita, comme si nous étions au Moyen-Orient !

L'archevêque Zora s'est montré profondément intéressé par mon projet de paix et de réconciliation et les *Little Sisters of Joy*, et j'ai eu l'impression que nous partagions les mêmes points de vue et les mêmes sentiments. Il a même suggéré que je pourrais trouver des recrues parmi les jeunes femmes de sa congrégation.

Lorsque je suis retournée voir le père Pearse, j'ai découvert que non seulement il connaissait l'archevêque Zora, mais que c'était lui qui l'avait accueilli à Toronto. Quelle merveilleuse toile d'amour ! J'ai dit au père Pearse qu'au moment de le quitter mon ami chaldéen m'avait dit :

Si vous restez seule pendant 100 ans, soyez heureuse.

Si vous avez une personne avec vous pendant 100 ans, soyez heureuse.

Si vous en avez beaucoup : REMERCIEZ DIEU !

Le père Pearse a souri et m'a dit : « *N'est-ce pas là ce que vous aviez besoin d'entendre ?* »

Toutefois, le fait que ma cousine germaine Ann soit très malade jetait une ombre sur mon séjour. Elle habitait à Drumheller, dans la province d'Alberta, et cette région des Badlands, célèbre pour ses dinosaures, était le premier endroit que j'avais visité au Canada il y a trente ans. Malheureusement, Ann est décédée lorsque j'étais à Toronto ; j'avais déjà réservé un billet retour pour Calgary et je suis arrivée à Drumheller le lendemain des funérailles.

J'ai malgré tout eu la merveilleuse occasion de parler avec de nombreuses personnes qui l'avaient connue à différents niveaux. Ann était devenue comptable à l'âge de quarante ans, après avoir suivi une formation par correspondance, et avocate à cinquante, après avoir fait des études à plein temps à l'université de Calgary. Sur ses vieux jours, elle réfléchissait de manière approfondie à ses origines juives et elle avait suivi des cours du soir à Calgary, où se trouvait une importante communauté juive, pour étudier l'hébreu et en apprendre davantage sur sa foi juive. Peu après son arrivée au Canada il y a plus de 45 ans, elle était devenue membre de l'Armée du Salut et elle a été enterrée dans l'une de leurs églises.

Comme c'est toujours le cas après un décès, il y avait beaucoup de stress dans la famille. Je logeais chez sa fille et même si tout s'était bien passé au début, la tension entre nous s'intensifiait. J'étais aussi quelque peu confrontée à un choc culturel ici à l'ouest – Drumheller est une assez petite ville. J'ai eu l'idée de téléphoner au secrétariat de la cathédrale catholique de Calgary et c'est un prêtre indien très sympathique qui m'a répondu. Il m'a invitée à passer une nuit dans une famille de Kerala sur le chemin du retour à Toronto. C'était la première fois que je rencontrais des chrétiens qui parlaient le malayalam et, quand je suis arrivée, j'ai eu l'honneur d'ouvrir et de clôturer leur rencontre de prière. J'ai prié en hébreu et le reste était en malayalam ! Mes hôtes étaient charmants et, lorsque je suis arrivée à l'aéroport le lendemain pour rentrer à Toronto, je me sentais beaucoup mieux.

15 novembre 2008

Je ressens maintenant le contre-coup de mon voyage. Je suis assise dans une des petites bibliothèques de l'université de Cambridge face à la rivière. Il fait un beau soleil et j'entends les voix heureuses des passants dehors, mais j'ai du mal à tenir bon.

25 novembre 2008

Les médecins ont décidé que je devrais faire un séjour à l'hôpital psychiatrique de Fulbourn, près de Cambridge, où j'ai déjà été soignée dans le passé. Je tentais de suivre ma vocation à Cambridge en 1991, quand j'ai fait ma première rechute et j'avais alors été hospitalisée. C'est là que j'avais rencontré le docteur Hymas, spécialiste en psychiatrie, avec lequel j'ai tissé des liens qui allaient durer seize ans. Il m'a fait l'honneur, durant ma première hospitalisation, de venir m'écouter avec trois de ses enfants, quand j'ai chanté et joué dans le service la veille de Noël.

Cette fois je suis suivie par un autre psychiatre car j'ai changé de secteur, mais j'espère ne pas rester trop longtemps. Noël à l'hôpital peut être plutôt morne, même si je sais que mes amis viendront me rendre visite.

6 janvier 2009

En me réveillant ce matin, le jour de la fête de l'Épiphanie, j'ai réalisé que je ne pourrais pas émigrer. Il faudra que j'analyse tout ça, mais c'est plus logique que je m'établisse ici, puisque j'ai mon petit logement et je bénéficie de l'aide du gouvernement. Sans parler des médecins, dentistes, etc., grâce auxquels je conserve la santé, autant de l'âme que du corps. Et il est peut-être important que je reste près des amis que j'ai en Europe et ici. *Mes voies ne sont pas vos voies*, dit le Seigneur. Ce que je sais c'est que le Canada a une grande importance pour moi.

Février 2009

Jenny et moi nous sommes retrouvées à notre endroit habituel pour prendre le thé. Elle a décrit mon expérience au Canada comme une « **aventure courageuse** ». J'ai le profond sentiment que l'aventure n'est pas encore tout à fait terminée.

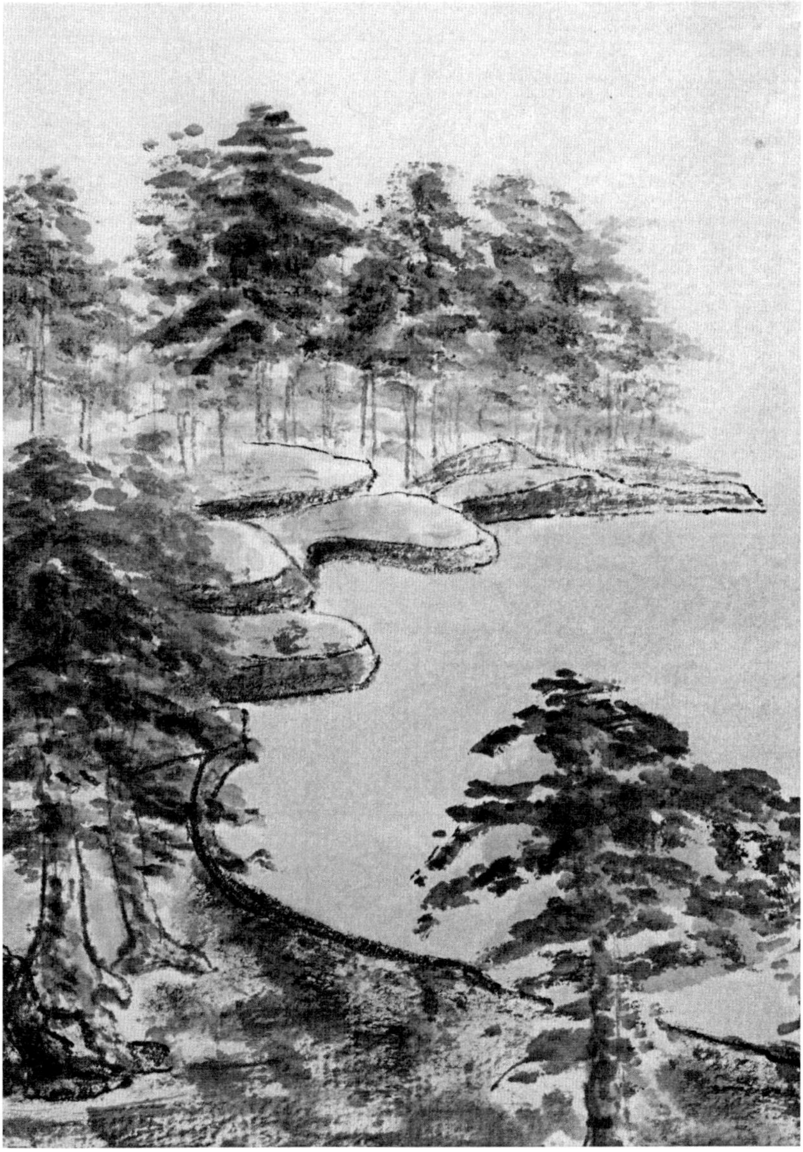

Postface

Mon pèlerinage, dont vous venez de lire le compte rendu j'espère, est passé par des tours et détours ahurissants. En essayant d'établir une communauté religieuse avec Pam et d'autres chez Benigna, j'ai appris beaucoup sur l'alliance d'amour entre les femmes qui est enracinée en Dieu et exemplifiée dans l'Ancien Testament par Noémie et Ruth, et dans le Nouveau Testament par Marie et Élisabeth.

J'espère que par notre ministère d'hospitalité nous avons apporté une telle joie et offert un tel accueil que des liens ont été établis et que nous avons, par ce biais, permis aux gens de s'unir dans l'harmonie et la paix. C'est le ministère que je m'efforce de poursuivre depuis mon emménagement, en 2003, de l'autre côté de la rivière, au nord de Cambridge, dans mon petit appartement, ainsi que lors de mes rencontres au Regent Hotel et ailleurs.

Depuis l'évolution, en 2004, des *Little Sisters of Joy* en une *Fondation* de prière œuvrant pour la paix et la réconciliation qui s'étend à de nombreux pays, je me sens plus libre d'utiliser mon flair et les compétences entrepreneuriales dont j'ai hérité de ma famille juive, et tout particulièrement de mon père, Joseph, aujourd'hui décédé. Je remercie Dieu de mes dons musicaux et de mon aptitude à émouvoir les gens lorsque je chante en hébreu.

En octobre 2014, a eu lieu le lancement au R.-U. de *Where the Woods Meet the Water* (la version originale, en anglais, de cet ouvrage). Cinquante personnes se sont réunies pour l'occasion au Lucy Cavendish College (Université de Cambridge), où j'ai étudié l'hébreu.

Cette même version originale a été lancé au Canada en septembre 2015. La cérémonie a eu lieu au George Ignatieff Theatre de Trinity College (Université de Toronto).

La version française sera lancée en septembre 2018 dans le cadre d'un concert de chants français, hébreux et anglais, qui se tiendra au Spadina Theatre à l'Alliance française, 24 Spadina Road, Toronto, près du Native Canadian Centre et du Jewish Community Centre.

À chacun de mes séjours à Toronto, je ressens plus profondément que c'est bien là que se trouve le cœur spirituel et mondial des *Little Sisters of Joy*.